宗白华别集

西洋哲学史

图书在版编目(CIP)数据

西洋哲学史/宗白华著.
南京:江苏教育出版社,2005.6
(宗白华别集)
ISBN 7-5343-6559-7

Ⅰ.西...
Ⅱ.宗...
Ⅲ.哲学史—西方国家
Ⅳ.B5

中国版本图书馆 CIP 数据核字(2005)第 048519 号

出版者 江蘇教育出版社
社　址 南京市马家街 31 号　邮政编码 210009
网　址 http://www.1088.com.cn
出版人 张胜勇

书　　名 西洋哲学史
作　　者 宗白华
责任编辑 陈　芃
集团地址 凤凰出版传媒集团有限公司
(南京市中央路 165 号　邮政编码 210009)
集团网址 凤凰出版传媒网 http://www.ppm.cn

经　　销 全国新华书店
印　　刷 河北科技师范学院印刷厂
厂　　址 河北 秦皇岛　电话　0335—2039060
开　　本 787×1092 毫米　1/16
印　　张 14.5　插页 4
字　　数 172 000
版　　次 2005 年 6 月第 1 版
印　　次 2005 年 6 月第 1 次印刷
印　　数 0001—5100
定　　价 19.80 元
发行热线 010—88876731
编辑热线 010—88876730

宗白华先生青年时代于南京

1922年，于德国法兰克福同部分中国少年学会成员合影（后左一为宗白华先生）

1935年，宗白华先生全家于南京寓所前

20世纪80年代，宗白华先生与学生们
在北京大学朗润园家中合影

1981 年冬，宗白华先生于北京大学图书馆前

目　录

第一编[①]

第一章 导论
关于作为科学的哲学史诸问题

第一节 哲学史和逻辑学

要系统地建立唯物辩证法的逻辑学，重要的是阐明哲学史。不阐明哲学史，不要约哲学史，不把具体的个别诸科学概括起来，便不能系统地建立唯物辩证法的逻辑学。因为哲学史和逻辑学，本是结合着的，所以阐明哲学史，建立作为科学的哲学史，这任务和建立唯物辩证法、逻辑学的任务，紧密地结合着。但是，哲学史和逻辑学的这一结合，却和它们在黑格尔手中的结合不同。

在黑格尔看来，以叙述“纯粹理念的永远自己发展为内容”的逻辑学，比起哲学史来，它是基本的、发源的东西。黑格尔逻辑学，就是“纯粹理性的体系，纯粹理想的王国”。它的内容，是“世界和有限的精神被创造以前，已经在其永远的本质上存在着

---

① 根据作者现存手稿《西洋哲学史》第 1 卷整理。手稿约写于 1946—1952 年。——编者

的神的表现”[①]。这便使得哲学史在逻辑学中被解消。哲学史，就是从“时间中，生起形相中”，提出逻辑学诸契机的“戏剧”。就是说，黑格尔以为哲学史，是“发生于特殊经验形式下”的纯粹理念的逻辑发展。从这一形式说（事实上，黑格尔正是如此），逻辑学在先，哲学史在后，逻辑学比起哲学史来，它是基本的、优越的。然而辩证法的唯物论，却不是那样看。辩证法唯物论体系逻辑学，必须基于要约认识史，要约哲学史的建立。逻辑学的体系，并不是先天地被构成“纯粹理性体系”，“神的表现”了的。列宁说逻辑学是“对世界的认识的历史之总计、总和、结论”[②]。黑格尔的逻辑学和唯物辩证法的逻辑学，这样相反，实由唯心论和唯物论的相反而来。

辩证法的唯物论，立脚在模写说[③]上。我们在前面，已经基于辩证法唯物论的模写说，统一了意识形态和科学的认识。这里，我们再从辩证法唯物论的模写说出发，把哲学史和逻辑学的关系，作为问题看看。这里，重要的是只有唯物论，才正确地结合着哲学史和逻辑学，正确地统一着历史物和逻辑物。哲学史要立脚在历史和逻辑的这一唯物论的统一上，才成为科学。

“意识是存在的反映”，“意识是被特定方法组织了的物质之属性”，“意识决定于人类的社会存在，就是说，意识是社会关系的产物”。——这三个根本命题，乃是唯物辩证法的三个根本辩证要素。因此，哲学唯物论，便和史的唯物论统一。

唯物辩证法，认为“实践”原是人类意识的媒介，认识就是人类的意识、主观所作的客观世界的模写。认识，固然是人类所作的客观世界的反映，然而“这不是单纯的直接的反映，乃是一串

① 见黑格尔:《逻辑学·导言》。——原注

② 见列宁:《哲学笔记》，第 90 页，人民出版社 1974 年版。——编者

③ 现译为反映论。——编者

抽象，定式化，概念为法则等等形成过程，那种概念和法则等等（思维、科学＝“逻辑的理念”），把那永久运动着、发展着自然的普遍合法则性，有条件地近似地去把握”[①]。这样，所谓认识，固然就是思维向着客体永无限止地去接近，可是客观世界在人类思维中的这个反映，却“不是可以从‘死僵’上，无矛盾上，去理解的，应该从运动的永远过程上，从矛盾的发展及其解决的永远过程上，去理解”[②]。

研究认识的这样发展的学问，就是认识论。这样的认识论，实际就是逻辑学。逻辑学就是认识的学问，就是认识论。逻辑学是“思想史的精髓”，是“思想史结果和总计”。逻辑学不是“关于思维的外部形式的学问，它是关于一切物质的、自然的，以及精神的事物之发展法则的学问，即是关于世界一切具体的内容及其认识的发展法则的学问，它是世界认识的历史之总计、总和、结论”[③]。唯其逻辑学作为“思想史的精髓”，作为“思想史的结果及总计”，它便是“世界运动及思维运动的普遍法则”的学问。“当这样解释的时候，逻辑学和认识论就一致起来”[④]。

但是，辩证法在黑格尔手中，也同样“是认识论”[⑤]。这个辩证法，又是思维历史的普遍化。如果这样，辩证法、逻辑学、认识

---

① 见列宁：《哲学笔记》，第 196 页，人民出版社 1974 年版。“认识是人对自然界的反映。但是，这并不是简单的、直接的、完全的反映，而是一系列的抽象过程，即概念、规律等等的构成、形成过程，这些概念和规律等等（思维、科学＝‘逻辑观念’）有条件地近似地把握着永恒运动着的和发展着的自然界的普遍规律性。”——编者

② 见列宁：《哲学笔记》，第 208 页，人民出版社 1974 年版。“认识是思维对客体的永远的、没有止境的接近。自然界在人的思想中的反映，应当了解为不是‘僵死的’，不是‘抽象的’，不是没有运动的，不是没有矛盾的，而是处在运动的永恒过程中，处在矛盾的产生和解决的永恒进程中的。”——编者

③ 参见列宁：《哲学笔记》，第 89—90 页，人民出版社 1974 年版。——编者

④ 见列宁：《哲学笔记》，第 186 页，人民出版社 1974 年版。“按照这种理解，逻辑学是和认识论一致的。”——编者

⑤ 列宁《谈谈辩证法问题》：“辩证法也就是（黑格尔和）马克思主义的认识论。”见《哲学笔记》，第 410 页，人民出版社 1974 年版。——编者

论，三者便同一了。[①] 辩证法、逻辑学、认识论的这种同一性，就是历史和逻辑的唯物论统一的结果，把认识当做人类以历史的实践为媒介而对着客观世界的模写，这是辩证法唯物论——模写说——的一个根本命题，而历史和逻辑的统一，又是这一根本命题的必然的归结。

如果逻辑学，就是"世界认识的历史之总计、总和、结论"，"思想史的精髓"，"思维历史的普遍化"，认识史的要约，那它就和逻辑地认识世界的哲学史，不可分离地结合着。逻辑学的范畴，虽是客观世界在观念上的一般反映，但这种反映的获得，是从过程上来的。范畴是有内容的形式，是"人类认识自然的各种契机"，是"世界的识别，即认识的阶段"。因此，逻辑学范畴的发展，便和人类社会的历史整个发展过程、物质生产的发展过程、思维的历史、科学的历史、哲学的历史，不可分离地维系着。这样，逻辑和历史、科学的历史、哲学的历史，不可分离地维系着。这样，逻辑和历史便被统一，逻辑学和哲学史便被结合。因此，逻辑学便成为"抽象形式的历史"。因此，我们要正确地理解逻辑的概念和范畴时，就要从基于逻辑而概括起来的世界史和世界认识史中，读取其发展的一切基本阶段。

构成逻辑物和历史物的统一基础的，就是认识上的人类历史实践、社会实践。所谓认识，就是客观世界向人类意识的反映。认识的这种过程——认识向着客观方面的运动，不单纯是直线的，简直复杂地、曲线地、辩证法地进行着。认识虽是它和客观"合致一照应"着的永远过程，虽是客观世界的普通法则，被有条件地近似地模写出来的永远过程，但认识的这种历史发展

---

① 列宁："在《资本论》中，逻辑、辩证法和唯物主义的认识论（不必要三个词：它们是同一个东西）都应用于同一门科学，而唯物主义则从黑格尔那里吸取了全部有价值的东西，并且向前推进了这些有价值的东西。"见《哲学笔记》，第 357 页，人民出版社 1974 年版。——编者

的基础，实由人类的历史实践、社会实践所构成。因此，统一着逻辑和历史的，就是认识上的真理性的规准，作为认识的辩证法契机的人类“实践”。于是哲学(它是以人类的历史实践社会实践为媒介的认识，又是世界的理论认识)除具着它的意识形态性外，还具有它的科学性(逻辑性)。

那样，在辩证法唯物论看来，那以人类的历史实践社会实践作了基础的现实的认识过程之历史，就是逻辑的法则和范畴的基础。认识经过实践，在直接的现象中，暴露其本质的诸法则，这是人类的认识，一切科学、哲学的一般发展行程。在这一认识过程中，这一认识的历史中，逻辑的概念和范畴(它们是“认识的契机”“认识的阶段”)便表现出来。这样，逻辑学就成为认识历史、科学历史、哲学历史等的普遍化。但是，在黑格尔看来，这以实践作了基础现实的认识过程之历史，并不是反映这一过程的思维形式——逻辑的法则和范畴——的基础，相反地，他把逻辑物当做历史物的基础。这是他的唯心论在作怪。他不知道逻辑和历史的唯心论的统一，并不是真正的统一。

第二节　作为唯物论史的哲学史

从作为科学的哲学史看，哲学的历史，就是唯物论和唯心论的斗争史。同时，哲学的历史，不能不特别是唯物论的发展史，即唯物辩证法的成立史。

不消说，一切哲学的根本问题，就是思维和存在、精神和物质、主观和客观的关系问题。因为解决这一问题的观点不同，哲学家们便分裂为两大倾向、两大阵营。“把自然、物质、物理的东西及外界，作为本源的东西提出来，把意识、精神、感觉(用现在的流行语说，就是经验)及心理的东西，当做派生的看，——这么,事实上,就是引起哲学家分成两大阵营的根本问题。"[①]所有一切认为存在、物质、自然、客观的世界,离开我们的意识而独立着的哲学学说,形成了唯物论阵营。相反地,那些站在唯心论阵营的人们,却把思维、意识、精神、观念,看做第一性的、本源的东西,以为外部的客观世界、物质的现实,依存于意识。归根说,唯物论和唯心论,就是哲学上根本对立的两大倾向、两大阵营。

哲学史上出现的无数哲学体系间纠纷,一句话说完,就是哲学上的两个根本倾向——唯物论和唯心论的长期斗争的表现。一切哲学的潮流和学说,总脱不出这两大阵营的一方面。结局,哲学史就是这相对立着的两大阵营的斗争史和发展史。

唯心论把存在和思维的关系,现实的诸关系,常常颠倒地、歪曲地反映着,这是错误的认识。这种错误的认识,常是人类科学认识的障碍、科学发展的敌人,它之所以至此,就是起因于人类的自然认识不充分,世界的科学认识不充分。唯心论自身的成立,原基于人类在社会的生产力不发达下,对自然的认识不充分,基于科学的发达不充分,同时,它又反而利用这些不充分,乘隙阻止科学的发达,妨害社会的进步发展。

唯物论恰恰相反,一般地说,它是把存在和思维的关系,现实的诸关系,如实地反映出来的理论。因为社会的生产力发达,科学的认识便发展,唯物论遂成立。唯物论既是这样的东西,它便常是科学发展的保证。它正是能够保证科学发展的科学的哲学。当然,唯物论自身,也要从不健全发展到健全才行。不完全的唯物论,机械的形而上学的唯物论,向成为完全的唯物论,辩证法的唯物论方面,发展着。不完全的唯物论,仍是基于人类的自然认识不充分,科学的发达不充分,由于这一点,便替唯心论

① 列宁:《唯物论与经验批判论》。参见《列宁选集》,第2卷,第342页,人民出版社1974年版。——原注

留了很大的生存余地，因而它自己仍落在唯心论的泥坑里。

在生产力不发达的原始社会，人们的表象呈现着无知混沌，唯心论就是作为这种表象的产物而发生的。其后由于社会的生产力渐渐发达，科学的认识便渐渐发展，唯物论遂随而成长、发展，接着确立了辩证法的唯物论，它是最完全的唯物论。唯物论的这种发展过程，就是唯物论和唯心论的斗争过程，在这一过程中，唯物论取得胜利，克服唯心论。然而事实上，唯心论不但毫未死亡，其后还继续发展着。就是说，哲学的历史，绝不是唯物论一路顺风地和平发展的过程，唯物论继续不断的自己完成化的过程。唯物论的完成化过程，是曲折的，充满着矛盾的。虽是这样，然而唯物论的发展，唯物论的完成化，这一历史过程，正是贯串全部哲学史（它是唯物论和唯心论复杂的斗争史）的一条基本线。

“古代哲学，是原始的，自然生长的唯物论。它把思维对于物质的关系，没有能够弄明白。然而明白这一点，是必要的，于是引起离开肉体的灵魂说，接着更产生灵魂不灭的主张，再后归到泛神论。这样，旧唯物论便为唯心论所否定了。然而往后哲学更加发展时，唯心论自己也不能支持，又为近代唯物论所否定。这近代唯物论——否定之否定，不是旧唯物论的简单再现，乃是在旧唯物论的残余基础上，加上了哲学和自然科学的二千多年的发展，以及这二千多年历史本身的全部思想内容的。”①

就是说，完成了的唯物论——辩证法的唯物论，是有它作为前阶段的东西的。它作为前阶段的，第一是古代希腊自然生长的唯物论，及近代英法的形而上学的唯物论，并费尔巴哈的唯物论。第二是德国的古典哲学，尤其黑格尔手中完成的辩证法的

---

① 参见《马克思恩格斯选集》，第3卷，第178页，人民出版社1972年版。——编者

唯心论。然而反复说过，辩证法唯物论的成立过程，绝不是唯物论一律单纯自己的发展过程。现实上，那是两相对立的唯物论和唯心论的斗争史过程，唯物论和唯心论的对立及斗争，在辩证法的唯物论确立后，也还继续着，不仅还在继续，而且更残酷起来了。

一贯的表现在全部哲学史中的唯物论同唯心论的斗争，究竟根本原因何在？在于社会是阶级的社会。社会之阶级的构造，就是哲学史上的两大倾向、两大阵营的对立所种根的地方。这个事实，只要懂得哲学是有着社会基础的就够明白了。

黑格尔说，是从思想中把握哲学的时代了，这句话，若用唯物论的观点正确地读来，就是说，一切哲学体系，都是该时代的历史条件社会条件下的产物、结局，它为物质生产力的发达所决定。

哲学在这样的情形下，它就是一个意识形态的东西。但是，一定时代的支配意识形态，却常是该时代的支配社会要素的意识形态。因此，一切的哲学，都是阶级的，有党派的，没有所谓“公平的”哲学、科学，也没有所谓“超党派的”哲学、科学。“近代哲学也好，二千年的旧时哲学也好，有党派的这点，总是不变的。”

归根说起来，一切哲学，都是反映该时代的社会诸关系的意识形态，都是该时代社会中某种社会要素的哲学。社会之阶级的构造，在相对立的两个世界观——唯物论和唯心论——中反映出自己来。一般地说，各时代的唯心哲学，代表着该时代守旧的社会要素的意识形态，唯物哲学代表着该时代进步的社会要素的意识形态，原则上，唯心论是保守的、反动的，唯物论是进步的、革命的。

话虽如此，然而若就个别的哲学说，尽管是唯心论色彩的哲学，它在特定的社会条件下，也能尽着进步的任务。笛卡儿、斯宾诺查[①]、黑格尔的哲学，即是其例。这些哲学，各自留着若干积极的成果，在一定的限度内，现着进步的姿容。它们渐渐多带唯物论的内容，想用泛神论调和物质和精神的对立，最后像黑格尔哲学这样的哲学，方法上、内容上，全被唯心论颠倒了唯物论。

总之，未达成熟的阶级，在表明其身的某种进步的要求时，不少拿唯心论的言词说着。十九世纪初的唯心论，自然法的理论，空想社会主义的一套理论，就是如此。他们是可以走到唯物论，却受着当时科学发达的水平所规定，而还不充分成熟的人。这里重要的是：这些哲学尤其是唯心论，它们的进步性，便常只达到一定的界限，同时，只连它们的这一有限的进步性，实在很多地方，也是基于自己的唯物论内容。

和社会生产力发达相结合的进步社会要素，要求对现实的正确认识，想发达生产力的阶级，必然要发展科学，他们因其对现实正确认识的要求程度，在科学方面，含着唯物论的内容。当人们想征服自然，提高生产力，推动社会前进时，科学、哲学，就不能不是唯物论的东西。相反地，科学、哲学，如果属于想阻止社会进步，蒙蔽现实的正确认识的保守社会要素，就要成为唯心论的东西。因此，哲学就是反映社会诸关系的意识形态。只要懂得哲学自身的社会根源，懂得唯物论的认识论和唯心论的认识论的根源，自会完全明了哲学史上唯物论和唯心论的那种关系。对唯物论和唯心论的社会根源的理解，和对它的认识论的根源的理解，是有联系的。

不管它是唯心论也好，唯物论也好，任何哲学，都不是当做

---

① 斯宾诺查，亦译斯宾诺莎(Benedictus〔或 Baruch〕de Spinoza，1632—1677)：荷兰哲学家，西方近代唯物论和唯理论代表之一。主要著作有《笛卡儿哲学原理》、《神学政治论》及由友人编入《遗著》的《知识改进论》、《伦理学》、《政治论》、《书信集》等。——编者

完全虚伪意识看的意识形态，它们都是客观世界的认识，都是客观的存在，以人类的社会实践作媒介，向着人类意识的近似反映。既是这样，那就是社会诸关系的产物，是被社会、历史制约了的意识形态。因此，尽管是唯心哲学，“尽管它无疑地是一朵无果花，然而它却是生在人类的认识这棵活树上的无果花，这棵树是活生的、多实的，充满了真实力的、全能的、客观的、绝对的”[①]。唯心论当然错误了。但是，它并不是完全的虚言、妄诞，在我们的认识论中，没有根据的。其实唯心论在客观的认识过程中，有它自己的支柱。那末，为什么唯心论，不能不是保守的、反动的意识形态呢？只要理解了唯心论的认识论之根源，就会明白这个事实。

不消说，所谓认识，就是自然向人类的反映，就是客观世界的诸法则向人类意识的反映。然而这种反映，并不是固定了的、僵死了的东西，它是无限错综的过程，是一个分裂的过程，是一个运动。认识的这种运动，常是辩证法地进行着，也只有辩证法地，才能进行。正如所谓“为了更准确地跳出而后退。为了更好前进而退却”一样。这里，有分线，有合线。在这样错综的认识过程中，认识有从中离开客观的真理而飞去的可能性。

离开客观的真理，就是离开现实的飞跃，离开现实的飞跃，就是唯心论。人类在认识，便不能不“抽象”，可是这一“抽象”的过程中，含有唯心论的危险。这里，有着“思辨的构成之秘密”[②]。现实中存在一切，都有和普遍统一了的个别者，假若把普遍抽象

---

① 列宁：《谈谈辩证法问题》，见《哲学笔记》，第 412 页，人民出版社 1974 年版。“直线性和片面性，死板和僵化，主观主义和主观盲目性就是唯心主义的认识论根源。而僧侣主义（＝哲学唯心主义）当然有认识论的根源，它不是没有根基的，它无疑地是一朵不结果实的花，然而却是生长在活生生的、结果实的、真实的、强大的、全能的、客观的、绝对的人类认识这棵活生生的树上的一朵不结果实的花。”——编者

② 《马克思恩格斯选集》，第 2 卷，第 71 页，人民出版社 1957 年版。——原注

地从个别割开，给它以客观的实在性的意义，认识便飞离现实——客观的真理，唯心论便成立。

“人类的认识，并不是直线（或画直线的），它是从环线体系中，无限地接近螺线的曲线[①]。这种曲线的任一断片、碎片、小片，都可转化为独立的完全直线（一面的）。假若见树不见林，这个直线就会导入泥坑，导入僧侣主义（这里，这个直线和支配阶级的阶级利害胶固地结合着）。直线性和一面性，僵直和化石化，主观主义和主观的盲目，所有这些，就是唯心论的认识论之根源。”[②]

唯心论是这样在人类的认识过程中，有其根源的。因此，从唯物辩证法的见地看，哲学的唯心论，就是认识的诸特征、诸方面、诸界限之一，被一面地、夸大地、逸脱地（狄慈根）发展（膨胀扩大）得成为一种离开物质和自然而神化了的绝对。唯心论意味着僧侣主义，实是那样！哲学的唯心论（更“正确”地说，“更精密地说”），是经过人类无限复杂的（辩证法的）认识的暗影之一而走到僧侣主义的道路。[③]

就是说，唯心论，是把人类无限错综的认识的辩证法诸契机，一面地，逸脱地、形而上学地抽象化、绝对化了的[④]。作为科学的哲学史，定要把唯心论当做这样的东西去把握，这并不是把

① 作者原注：“列宁论唯心论之根据。”又曰：“僧侣主义：绝对化、神化。”——编者

② 列宁：《谈谈辩证法问题》：“人的认识不是直线（也就是说，不是沿着直线进行的），而是无限地近似于一串圆圈、近似于螺旋的曲线。这一曲线的任何一个片断、碎片、小段都能被变成（被片面地变成）独立的完整的直线，而这条直线能把人们（如果只见树木不见森林的话）引到泥坑里去，引到僧侣主义那里去（在那里统治阶级的阶级利益就会把它巩固起来）。直线性和片面性，死板和僵化，主观主义和主观盲目性就是唯心主义的认识论根源。”见《哲学笔记》，第 411－412 页，人民出版社 1974 年版。——编者

③ 作者原注：“《唯物论与经验论》。”又在引文中间一段上面批曰：“唯心论之片面化、抽象化。”——编者

④ 作者原注：“评唯心论。”——编者

唯心哲学的一切理论内容，看做无价值的东西，抛开不管，唯心论要在它自己历史中，把自己弄得日益完全化，日益丰富起来（那固然要基于科学的发展），它就不能不把唯物论的内容，愈多吸收进去。作为科学的哲学史，定要暴露这种关系。同时，定要从包含唯心论在内的全部哲学史中，读取认识的诸阶段，即范畴的发展。

我们从探明唯心论的认识论之根源上，把一个要点弄明白了，知道唯心论，就是把认识的种种契机之一，脱离自然而绝对化、神化了的东西，那就是僧侣主义。从这点说，一切唯心论，都是宗教的党羽，宗教的哲学拥护者。同时，一切唯心论的保守性、反动性，其所以和一切唯心论的中心社会要素，原是结合的，也正在于这点。唯心论一般的社会意义，正是从它的认识论根源上弄明白的。

唯心哲学和宗教直接结合着，它就是所谓“科学的僧侣主义”，就是被提高被清洗了的 Professor[①] 的宗教。唯心哲学的保守的社会任务，只有从它和宗教（宗教通是保守的）的活泼结合上去把握，才能理解它的全貌。[②]

作为科学的哲学史，定要站在这一理解上，把哲学的历史，当做唯物论和唯心论的斗争史来叙述。可是这时候，最重要的是：斗争的胜利属于唯物论。黑格尔把唯心论体系的历史发展，认做真正的哲学史，其实从真正科学的哲学史看，哲学的历史不能不特别是唯物论的发展史、唯物论的完成史。这一事实，只要把它关联于逻辑和历史的唯物论统一看来，也可理解。

如果站在逻辑和历史的统一这一原理上，哲学的历史，就是

① Professor，英文，指公开宣布其信仰的人。——编者

② 作者原注：“参看本书著者的另著《无神论》及《现代宗教批判讲话》，特别参看前书的第 1 部第 1 章第 2 节、第 7 章第 2 节，及后书的第 1 章第 1 节。”此两部著作手稿尚未找到。——编者

逻辑学诸范畴（即世界认识的诸阶段）的历史发展，假若拿同样的情形就逻辑学说，那么唯物辩证法的逻辑学，是“世界认识的总计、总和、结论”，是“思维历史（即科学史哲学史）的普遍化”。但是，唯物辩证法，一方面是认识论、逻辑学，同时又是世界观。因此，唯物辩证法的世界观，整个唯物辩证法的哲学，成为“哲学的二千多年发展的成果”。

就是说，辩证法唯物论的哲学，它是从来一切科学和哲学的发展之历史的总计、结论、结果。然而它却不是简单地把以前的一切哲学，机械地聚集拢来，机械地综合起来，它是把以前的一切哲学、科学，批评地改造了的。就是说，辩证法唯物论的哲学，并不是如实地包含着机械的形而上学的唯物论和（辩证法的）唯心论的。

如果从辩证法唯物论的立场看，尽管是唯心论哲学，却也不是完全无价值的，当然是人类认识的发展之一环，有着它自己认识论根源。唯心论之所以完成自己，丰富自己的，基于它吸取了唯物论的内容。“一个唯心论者，批评别个唯心者的唯心论基础时，常是唯物论制胜”[①]，这点很重要。

如亚里士多德对于柏拉图的意特（Ideal）说的批评[②]，如康德对于柏克烈[③]的主观唯心论的批评，如谢林对于费喜特[④]知识

---

① 列宁：“当一个唯心主义者批判另一个唯心主义者的唯心主义基础时，常常是有利于唯物主义的”。见《哲学笔记》，第 313 页，人民出版社 1974 年版。——编者

② 意特说，即理念论。柏拉图中期接受赫拉克利特的“一切皆流，天物常住”的观点，埃利亚学派的存在理论和毕达哥拉斯学派关于数的理论，进而建立了理念论，认为单个存在物是永恒不灭的理念，是第一性的实在。——编者

③ 贝克莱，亦译柏克烈（Berkeley，1685—1753）：英国哲学家，唯心主义经验论的主要代表。主要著作有《视觉新论》、《人类知识原理》、《希勒斯和斐洛斯的三篇对话》等。——编者

④ 费喜特，亦译费希特（Johann Gottlieb Fichte，1762—1814）：德国哲学家。主要著作有《人的使命》、《论幸福生活或宗教学说》、《一切启示的批判》、《全部知识学的基础》、《学者的使命》等。——编者

学的批评,如黑格尔对于康德、费喜特、谢林的批评等等,就是例子。

这样看起来,作为唯物论和唯心论斗争史的哲学史,就在于它特别是唯物论的发展史,辩证法唯物论——最彻底化、完成化了的唯物论——的成立史和发展史。唯心论的发展过程,也要从这种见地去阐明。

哲学史就是这种意义的唯物论史,换一句话,就是说,哲学史首先探明哲学及哲学发展的社会基础,从这中间把每个哲学,都作为人类认识的必然发展阶段去考察。这样,哲学史便和逻辑学结合着。

哲学史是一个意识形态史,可是这个意识形态史,定要把社会的契机和认识的契机,历史的契机和逻辑的契机,统一起来才行。

第三节 哲学史的内在关联——哲学的发展法则

哲学的历史发展中,有着内在的关联。黑格尔把哲学史,认做理念之逻辑的、辩证法的自己发展。哲学的历史发展,并不像黑格尔所认定的一样,是纯粹逻辑的发展、继续。但是,哲学的历史,显示着内在的关联,却是事实。就是说,哲学的历史发展中,有着内在的逻辑。[①]

例如,从苏格拉底经柏拉图到亚里士多德的哲学历史,就是内在的逻辑发展。又如,近代从笛卡儿的二元论到斯宾诺查的泛神论哲学,这一发展中也显示着必然的内在关联。又如,从康德经费喜特、谢林到黑格尔的德国古典哲学的发展,从黑格尔经

① 作者原注:“哲学发展之相对独立性,内在定律,内在关联,内在的逻辑。”——编者

费尔巴哈到马克思而完成的辩证法唯物论的成立过程，尤显示着哲学历史的内在逻辑。总之，我们从哲学史中，看见哲学的诸学说，在其历史发展上，内在地联结着，并看见一个学说是生出别个学说来的必然阶段。

然则哲学历史发展上的内在关联，究竟如何成立的呢？哲学是受社会的下层物质基础决定的一种意识形态。这种哲学的意识形态一形成，一固定，就保持着一时的独立性，这是事实。可是这一种独立性，至多只是相对的东西，因之哲学史的内在关联之成立，不能不由各时代人们的社会发展所具有的物质关联作媒介。

人类社会的历史，是一个有关联地发展着的历史。“后起的一切时代，发现前时代所获得的生产力，这个生产力，对新生产供作原料用。由于这一单纯的事实，人类历史上便成立一个关联，形成人类的历史、人类的生产力，因而他们的社会关系愈成长，人类的历史愈多成其为人类的历史。”①

但是这时候的重要点是：人类认识的发展，构成人类社会的历史之一契机的事实。每一个时代，必然继承它的前时代遗传的物质生产力和认识（意识形态），从这里构成发展的历史。哲学史之所以不是种种哲学体系的简单聚集，它有着内在关联，内在的逻辑。哲学的历史发展的内在关联，实际只是现实关联的合法则性之反映，这种现实关联，是在一切社会发展的基础之物质生产过程上实现的。就是说，哲学史中的内在关联，乃是基于社会历史中的关联。这一事实，当我们理解哲学是以人类的社会实践为媒介的认识时，更加根本地明白它。

第一，认识是客观的实在之模写；但是第二，这一模写客观

① 参见《马克思恩格斯选集》，第 4 卷，第 321 页，人民出版社 1972 年版。——编者

实在的认识,具有历史性,它在每个一定的历史阶段上,是相对的。不过相对的认识中,却又包含着绝对真理的要素,并且逐渐更多地接近绝对的真理。这样,认识便历史地发展起来,因此,认识的历史发展中,有着内在的关联,内在的逻辑。然而第三,构成认识的发展基础的,是人类的社会实践。因此,认识的历史发展中的内在关联、内在逻辑,也绝不能[是][1]纯粹的逻辑,它是靠人类的社会实践作媒介的。结局,它便是受社会的生产诸力及生产诸关系,产业及生产诸状态,阶级及政治诸关系,制约着的。

哲学史的内在关联,既是那样,那就必然达到一个结论:哲学史绝不是纯粹逻辑的发展,时间上,后出来的哲学不简单是先出来的哲学之逻辑的展开、继续。我们除从哲学史中认识其内在的关联、继续性、逻辑的发展外,还要承认这种继续性的中断、逻辑理论的停滞退步的可能性。

事实上,哲学史的历史中,有着质的飞跃。哲学的发展并不是先出世的哲学之继续的发展,可说含有作为质的飞跃的发展。文艺复兴的哲学和法国唯物论及辩证法唯物论的发展等,就是这种质的飞跃的最典型的东西。一般地说,变革的哲学,就是这种质的飞跃。哲学是以人类的社会实践为基础的认识,哲学发展的根基上,有着这种社会的阶级的实践,哲学只有在它是较进步的社会实践之表现,是该时代的进步社会要素的实践之理论的反映时,才成为更高度的认识阶段——逻辑地更发展了的哲学。哲学的历史中,所以发生渐次性的中断,发生质的飞跃,就是由于它被生产力及社会阶级的政治诸关系的一定发展阶段所制约,从其质的内容上看,一种新哲学能够发生的原故。

---

① [ ]内字系编者所加。——编者

但是，这样的关系，从他面看来，却又意味着如下的情形：哲学史过程中的个别场合，也能发生一定理论的逻辑的停滞和退步的现象，不一定任何时间上后出的哲学，比起先出的各种哲学来，都是理论上更丰富更深刻的发展。从时间的系列说，不能说一切后出的哲学，总是逻辑上更高度的哲学，更高度的认识阶段。

被呼做“黑暗时代”的中世哲学（教父哲学、经院哲学），全体都是理论的停滞、退步。我们所以从教父哲学、经院哲学的历史中，大致上承认其理论的停滞性，就是因为这些中世哲学，和古代希腊哲学相比较，显然全体都是理论的退步。又如黑格尔以后唯心哲学的历史，与其说是这样的理论停滞，不如说它明确地呈现理论的退步，试看新康德主义、新黑格尔主义、生的哲学、现象学、存在学（解释学的现象学），所有这些，拿来和黑格尔辩证法的唯心论一比较，清清楚楚是理论的退步。

这些现象，究竟是从何处来的呢？根本由于哲学是以人类的社会实践为媒介的认识，换一句话说，哲学上的停滞退步的事实，有着它自身的社会基础，构成这种社会基础的，就是一定时期的生产关系发展的缓慢、停滞，以及社会的内在矛盾激烈化。哲学发展的停滞这事实，当考察东洋哲学史，尤其考察印度哲学史时，实是重要问题。[①]

已经用种种形式说过，哲学之成为科学与否，普通是要看该哲学拿什么实践作基础的。同时哲学之成为唯物论或唯心论，也是一样。从这里，可以引出哲学的发展法则来。

最一般地说，每个哲学的科学性或非科学性，和该科学所代表的社会要素的历史进步性或反动性之间，有着必然的照应关

① 总之中国和印度的哲学史，不像西洋哲学史那样显著地表现哲学的飞跃发展，这是东洋的特质。——原注

系。可是,却不能抽象地把这种关系图式化。

哲学发展的一种直接规定的因素,就是对象之现实的科学认识的发展,尤其自然科学认识的发展。这从哲学具有"科学的科学"之性质一点看,也很显然。因为对客观世界的实证科学的认识发展,对自然科学的认识发展,唯心论的哲学体系就愈益带来唯物论的内容,唯物论的哲学就愈益完成理论的体系。从这点说,作为科学的科学史,当考察哲学体系的历史发展时,往往不能[①]看漏实证科学、自然科学的发达水准。普通,科学的哲学的理论体系,所以被该时代的生产力及技术的发展阶段规定着,就是由于这一生产力及技术的发展,和自然科学的发展紧密地结合着。

但是,"纯粹的"自然科学的认识,在任何时都没有过。没有工商业的发展,自然科学的发展便不可能。说到"纯粹的"自然科学,也只有靠工商业即人类的活动,才有可能。[②] 这一事实,从包括哲学在内的人类一切认识,以人类的社会实践为基础一点看,非常明白。就是说,哲学发展的根本规定因素,就是人类的社会实践。

"从笛卡儿到黑格尔,从霍布士[③]到费尔巴哈,这一长期间"的哲学发展,"真正推动的,特别是自然科学及产业的巨大而急剧的进步"[④]。但是所谓人类的社会实践,不单是意味着人类的产业生产的实践,同时还意味着人类的政治实践。

因此,规定哲学发展的因素,第一,是实证科学(尤其自然科

① 原稿为"不论",现按上下文意径改。——编者

② 参照《德国意识形态》一书中对于费尔巴哈的批评。——原注

③ 霍布士,亦译霍布斯(Thomas Hobbes,1588—1679):英国哲学家。主要著作有《利维坦》、《论人性》等。——编者

④ 参见恩格斯:《路德维希·费尔巴哈和德国古典哲学的终结》,第 17 页,人民出版社 1972 年版。——编者

学）的发展；第二，最根本的是人类的社会实践（尤其进步的变革的实践），而第二因素，又分为产业生产的实践和政治的实践。这样，就成了哲学的发展决定于三个因素：第一，该时代的实证科学、自然科学发达的水准；第二，该时代的生产力发达的水准，产业经济发展的关系；第三，该时代的社会的政治条件。哲学的发展，既不能单从该时代的科学水准，或该时代的产业发展状态来说明，也不能单从该时代的社会的政治诸关系去了解。实际这三个因素互相结合着。可是，这三个因素中，特别主要的是第三因素——政治规定的契机，这是因为这一规定是把生产诸关系、经济诸关系的各种规定，集中地表现了的原故。[①]

说明哲学的历史发展时，定要阐明这三个规定因素的复杂关系。十八世纪的法国唯物论，一方面虽受当时自然科学的水准（力学成了惟一发展的分科的状态）所规定，保持其机械论的性质，可是他方面，从它是彻底的战斗唯物论这一点来说，它却比当时自然科学的思想水准，站在较高的地位。再说到德国古典哲学之最大科学成就的辩证法，尽管是唯心论的东西，可是对于“发展”观念还未确立的当时自然科学，它却作了前驱。

这个事实表示着什么？那就是说，哲学固然基于自然科学的发展，可是倒不一定是自然科学思想的附属品，比自然科学思想落后的东西。在哲学史上承认辩证法的飞跃，是紧要的事。假若根本理解哲学就是靠复杂的社会实践作媒介的认识，自会承认这种飞跃，从这上面又可理解“经济发达落后的诸国家，在哲学上也弹得梵亚铃”[②]（恩格斯）的可能性。

以上所说的规定哲学发展的社会诸因素，和第一节及第二

---

① 作者原注：“哲学发展的三个决定因素。”——编者

② “经济上落后的国家在哲学上仍然能够演奏第一提琴。”参见《恩格斯致康·施米特》（1890 年 10 月 27 日），见《马克思恩格斯选集》，第 4 卷，第 485 页，人民出版社 1972 年版。“演奏第一提琴”，意谓扮演主角。——编者

节所说——哲学史和逻辑学的结合;哲学史就是唯物论和唯心论的斗争史,尤其是唯物论的发展史,及其他等等,在内容上深刻地关联着,所有这些情形,通表现着哲学的发展法则。哲学的历史发展,要从“环线的系列形态”[①]上去抓住。哲学的发展中,具备了内在的逻辑。但是,规定哲学史的这种逻辑发展的,乃是人类的社会实践,社会的诸关系。就是说,在哲学上,把社会的历史的契机和认识论的逻辑的契机,统一着。进步社会要素的哲学,世界观,原则上是客观的科学的真理,更高的认识阶段,这个一般的规定,是在历史和逻辑的唯物论统一上成立的。

基于这种理解,我们便不能不把哲学史,作为唯物论与唯心论的斗争史,作为唯心论的唯物论化,唯物论完成化的历史,来叙述。

哲学史并不是逻辑学的本身,所以它首先要把叙述的重点,放在哲学发展的**社会基础**上。

因此,我们根据社会经济构造的三个时代的区别(古代的、中世的、近世的),也把哲学史分为三个时代——古代哲学、中世哲学、近世哲学——来叙述。

第二章 (缺)

① 作者原注:“哲学的发展不是直线的,是画着曲线向客观真理无限接近地发展着。参照《论辩证法的问题》。”此段译文,参见《哲学笔记》,第 411 页,人民出版社 1974 年版。——编者

第二编

第一部　古代哲学

第一章
哲学的发生和古代的哲学发展

第一节　哲学的发生——哲学与宗教、神话

对世界作理论的全体认识的哲学，只有在社会诸关系——生产力和生产诸关系——之发展的一定阶段上，才能成立。关于哲学的一般发展法则，前篇已经说过了。

古代哲学的发祥地，是在小亚细亚的西海岸，希腊殖民地米勒都斯城（在伊奥尼亚）。西洋哲学，开端于伊奥尼亚哲学（米勒都斯学派）的始祖泰勒士[①]，这是人所共知的事。但是，古代哲学的发生及发展，和建立在氏族制度废墟上的古代社会的生产发展结合着。氏族社会的生产和分工的发达，使得氏族社会崩溃，由于生产不断地提高，由于劳动的生产不断地提高，奴隶制度遂成社会制度构成的本质部分。随着分工——农业、手工业及商业——的发达，商品生产成了生产的支配形态，于是新的社会关

① 泰勒士，亦译泰勒斯（Thales，约前624—约前547）：古希腊哲学家，米利都学派的创始人。——编者

系就发生了。[①] 伊奥尼亚哲学[②](或米勒都斯哲学[③]),就是这种社会关系的反映。

当纪元前六百年时,希腊的诸殖民地——小亚细亚、南意大利、色雷斯,经济上文化上,完全优于它的本国。这些殖民地中,最优越的是以米勒都斯城为中心的伊奥尼亚(小亚细亚)。一般地说,伊奥尼亚诸都市的商业势力,在纪元前六百年,即已压倒腓力基人,形成联系亚、欧、非三大陆的贸易中心地。这里巨量地聚积着三大陆的生产物,活泼地展开了工商业的活动。尤其重要的是:因为这是一些殖民都市,所以大致没有那些阻碍经济上急速发展的旧传统(氏族制度的残余,传统的旧宗教)的势力(它们在希腊本国还是存续)了。因此,米勒都斯城,在这经济上比希腊本国进步得多的伊奥尼亚诸都市中,是最富裕的最中心的了。

同时,随着经济的发展,自然科学的知识也发展了,这是必须注意的事。生产的发展和自然科学知识(它和生产技术结合着)的发达,有着密切的关系。自然科学知识的发生和发展,以生产为条件。因此,在伊奥尼亚,天文学、数学、力学,作为产业、商业、贸易、航海、军事的必要知识,随着它们的急速进展而发达起来。这时候,伊奥尼亚人从卡泰亚、腓力基、埃及等东方国家,学习很多的天文学、算术及几何学的知识,他们基于自己的经济发展,和邻近诸国结成密切的商业关系,构成他们自身的自然科学发展的基础。伊奥尼亚人除发展天文学、数学、力学外,并因陆海旅行而发展了地理学的知识。

---

① 参照《家庭、私有制和国家的起源》,第155—156页及第158页。——原注

② 伊奥尼亚哲学:即伊奥尼亚学派(Ionian School),亦译爱奥尼亚学派。前6至前5世纪古代希腊早期的自然哲学学派。——编者

③ 米勒都斯哲学:即米利都学派(Milesian School),早期希腊哲学中第一个哲学学派,为伊奥尼亚哲学学派的一个分支。——编者

替哲学开端的古代伊奥尼亚哲学，只有在这一社会经济发展及自然科学知识发展的基础上才能成立。生产力的发展使人类可能支配自然，扩大了人类认识自然的范围（人类在自然中活动，因着变化自然，使得自己的本质也变化，知识也发展）。因着人类对自然的认识发展，于是对自然的理论认识，科学的哲学的世界观，在某种程度上，从氏族的民族的宗教之神话观念中，解放出来，发展起来。哲学在这时候，便基于自然科学知识的发展，和自然科学知识紧密地结合而发生，这点必常重要。再把它换一句话说，就是米勒都斯的哲学，和人类现实生活的发展、生产力的发展结合着。当时的哲学家，同时又是数学家、自然科学家。泰勒士、阿那克西曼罗[①]、阿那克西米内[②]，除作宇宙的自然哲学之说明外，又研究天文学的特殊问题。同时，事实上，他们还是实际活动家——商人、旅行家、技术家、政治家等等。

从这种关系中，即从哲学和自然科学紧密结合中，从哲学和现实生活的发展、生产力的发展紧密结合中，便决定了这一哲学的进步的实践性质——唯物论的、反宗教的、辩证法的性质（当然，这是没有完成的东西）。这种性质，正形成了初期希腊哲学的特质。但是，这种特质，即那时哲学之唯物论的、反宗教的、辩证法的性质，实是决定于它是当时社会的进步的社会要素的哲学这事实。这一哲学进步性、实践性，就是这种社会要素的进步性、实践性之表现。任何哲学，也不是“纯粹”的哲学，它常是什么人的哲学。那末，这时的社会进步要素，究竟是什么呢？

那是和工商业的发展结合着的奴隶所有者，他们对抗着旧

① 阿那克西曼罗，亦译阿那克西曼德（Anaximandros，约前 610—约前 546）：古希腊哲学家，属米利都学派。主要著作有《论自然》。——编者

② 阿那克西米内，亦译阿那克西米尼（Anaximenes，约前 588—约前 525）：古希腊哲学家，属米利都学派，阿那克西曼德的学生。主要著作有《论自然》，已佚，现保存下来 3 则残篇。——编者

的氏族诸关系及氏族的特权贵族。他们是社会从氏族共产体发展到奴隶制的指导者,在这种界限内,他们是生产力发展的代表,进步的阶级。但是这一进步性,因为受着奴隶所有者社会构成的限制,有着一定的大限界。这和商工业的发达结合了的奴隶所有者,正因为他们在代表生产力发展的限界内,是进步的,所以一到他们不能是生产力发展的指导者,反而变成生产力发展的桎梏时,当然成为保守的反动的东西。他们的进步性,是这样在一定历史阶段上的一定历史的进步性。这样具着一定的进步性的奴隶所有者,必然向当时的宗教及神话观念,进行斗争,反对这些支持旧社会的意识形态。因此,他们的哲学成为无神论的唯物论的哲学,因着那是唯物论的实践的东西,所以又有着辩证法的内容(一般说那种哲学和自然科学的研究,紧密的结合着这一情形,也是基于生产那种哲学的社会要素的进步性)。

宗教作为“被颠倒了的世界意识”,常是社会的保守力。但是,它既是一种意识形态,也就不能不随着社会的发展转变,适应的变化自己本身的形态。成立于氏族社会这基础上的氏族宗教,从氏族社会的崩溃过程中,发展为民族宗教。荷马的叙事诗,除部分地反映了希腊氏族社会走向奴隶社会的过渡期(从纪元前1000年到750年)外,还反映着从氏族宗教到民族宗教的转变过程。①

但是,这种民族宗教,也因为产生它的社会诸关系的发展、转变,弄得不能维持自己,走上解体的过程。在希腊,已于纪元前七百年代,表现着氏族的民族的宗教动摇端倪。当时和荷马站在反对立场的教训诗人黑西奥德的叙事诗②,是最初的表现氏

① 作者原注:“参照本书著者《现代宗教批判讲话》,第1章第4节。”此手稿至今尚未找到。——编者

② 黑西奥德(Hesiod,约公元前8世纪):今通译赫西奥德,所著《神统记》,今通译《神谱》。——编者

族宗教动摇的作品。在他的长诗《工作和日历》中,除民族的诸神出现外,还现着具有伦理道德性质的诸神,现着福利于那些在正直工作上勤勉的人们生活的诸神。[①] 并且他的另一长诗《神统记》,虽说仍是神话的东西,其中却表现着想把世界发生说,从神话的诸神发生说中分离出来的萌芽。

这样的情形,意味着什么呢? 那一方面,意味着氏族的民族的宗教之传统观念的动摇;他方面,意味着自然科学认识的发展,唯物论自然哲学的发展;整个地意味着社会的深刻变化,奴隶社会的巨大发展。

初期希腊哲学,是古代社会进步要素的哲学,它从旧宗教诸观念的动摇过程中,确定自己为脱离宗教而独立的科学,宗教的敌对者。第一个从黑西奥德的神学及当时的宗教诸观念中,把自己分离出来了的人,就是泰勒士。"他以那样的人,在希腊精神的发展过程中,划了一个重要时代。"[②]泰勒士是最先开始研究几何学、天文学、广义生理学的人,一般地说,是最先科学地研究自然的人。这种对自然科学的研究,实际上原是反宗教的。据格罗特说,表现自然的希腊语,是从旧来诗人们的神学观念中,区别出来了的东西,它在泰勒士的时代,才被使用。[③]

由泰勒士开始的米勒都斯派的哲学,充满着反宗教的精神,至于后来克塞诺法内[④]的无神论,德谟克里特[⑤]和伊壁鸠鲁的无

---

① 参照《现代宗教批判讲话》,第 1 章第 5 节。——原注

② 格罗特:《希腊史》,第 4 卷,第 306—307 页。——原注

③ 格罗特:《希腊史》,第 4 卷,第 310 页。——原注

④ 克塞诺法内,亦译克塞诺芬尼、色诺芬尼(Xenophanes,约前 565—约前 473):古希腊哲学家、诗人,埃利亚学派的先驱。主要著作有《哀歌》、《讽刺诗》、《论自然》,已佚,均存 41 则残篇。——编者

⑤ 德谟克里特(Dēmocritos,约前 460—约前 370):古希腊哲学家,原子论唯物主义奠基人。生前撰有大量著作,现存 260 余条道德格言。然对其真伪,仍有争议。——编者

神论,更不消说了。

被捆绑了的蒲罗美修斯[①],发出对神厌恶和反抗的呼叫,他向赫尔美斯[②]说:"纵然如何保障我的不幸命运,我也决不拿他来掉换你的徭役。我认为与其做父亲宙斯[③]的忠仆来执役,不如陪伴这块石头还好些。"

蒲罗美修斯的这一呼叫,可以看做"哲学固有的告白",看做"哲学固有的宣言,反对着天上及地上的一切神,反对它们不承认人类的自己意识为最高的神性"。

哲学的理论的认识,发生了蒲罗美修斯对神的那种反抗。不消说,合理的(真正的)哲学理论的认识,对神和宗教,本负着敌对的使命。宗教原是"被颠倒了的世界意识",这以客观的认识、真正的认识为目标的哲学及科学,根本和它对立着。

朗格[④]在其《唯物论史》中,于叙述古代唯物论对宗教的斗争后,说道:"和那种空想产物相对立而正在醒悟中的思想,要求统一和秩序。因此,虽然各派哲学,在各种情形下,或激烈,或缓和,总之无可避免地要和该时代的神学斗争。"[⑤]

构成哲学史开端的希腊初期哲学,作为反宗教的唯物论而诞生,这在表示哲学认识所固有的反宗教性上,给了我们以深刻的兴味。但是,这里应注意一点,尽管希腊哲学作为这一反宗教的唯物论诞生,尽管反宗教的唯物论在希腊哲学中发展,然而希

---

① 蒲罗美修斯(Prometheus):通译普罗米修斯,希腊语意为"先觉者"。在神话中,他是以一位战士神和人类的保护者出现。——编者

② 赫尔美斯(Hermes):又译赫耳墨斯、海尔梅斯,古代希腊阿耳卡狄亚的神,后为奥林波斯的诸神之一。——编者

③ 宙斯(Zeus):又译兆斯,希腊人崇奉的最高天神,众神和万民的君父。——编者

④ 朗格(Lange, Friedrich Albert,1828—1875):19世纪中叶德国哲学家、历史学家、社会学家、政治活动家。主要著作有《唯物主义史及对其当前意义的批判》、《劳工问题》、《密尔对社会问题的看法》、《逻辑学研究》等。——编者

⑤ 朗格:《唯物论史》,第10版,4页。——原注

腊哲学却没有能够达到完成的唯物论、无神论。可说那种唯物论和无神论是不彻底的东西。至于苏格拉底以后的哲学,其中且可发现积极的宗教唯心论的基础了。

生产力的发展(手工业、航海等的发展,一般说,商品生产及分工的发展),使得希腊哲学达到唯物论(德谟克里特)及辩证法(赫拉克里特①)的境地。但是,他们的理论,因着时代的限制,还不是完成化了的,就是说,古代希腊社会本身的历史社会的限制——社会的物质生产力发展的一定的限度,即生产力相对地不发达,基于奴隶制本身的矛盾激化而起的社会不安,奴隶所有者的寄生的腐败生活——在唯物论和辩证法的发展前面,筑下了一条界限。

第二节　古代哲学发展的三个时期

黑格尔曾把古代哲学分为三个时期:从泰勒士到亚里士多德为第一期,罗马时代的希腊哲学为第二期,新柏拉图哲学为第三期。

据黑格尔说,第一期,是从自然形式或感性形式上的完全抽象的思想,进到被规定了的理念的时期,这一时期又可分为三段:第一段,由泰勒士到阿那克沙哥拉②,即是从直接规定性形式上的抽象思想,达到规定自己本身的思想(阿那克沙哥拉的理性)。第二段,索非斯特派(即所谓诡辩派)③、苏格拉底及苏格拉

---

① 赫拉克里特(Heraclitos,约前 540—约前 480 与 470 之间):今通译赫拉克利特,古希腊哲学家,爱非斯学派创始人,著有《论自然》,已佚,保存下百余则残篇。——编者

② 阿那克沙哥拉,亦译阿那克萨哥拉(Anaxagoras,约前 500—约前 428):古希腊哲学家。主要著作有《论自然》,已佚,仅存残篇 23 则。——编者

③ 索非斯特派(英 Sophists;希腊 Sophistni),即智者派,诡辩派。智者是对公元前 5—前 4 世纪希腊收费授徒的教师的统称。智者没有统一的组织,政治态度也不尽相同,不是一个独立派别。但其哲学观点基本一致,故被称为索非斯特派。——编者

底学派都在内，他们的原理是主观性的原理。第三段，柏拉图及亚里士多德，这就是客观的思想、理念，把自己形成全体的希腊哲学。

继续第一期的第二期，具体的理念，在对立的形态上，使自己作为发达完成的东西来表现，这是哲学分裂为特殊体系的时期。

相反地，黑格尔认为第三期是肯定的，是对立退到理想世界、思想世界、神的世界中的时期。[①]

黑格尔对古代哲学所作的这种时代区分，正如第一篇所说，他是立脚在哲学史是唯心论的发展史，理念的自己发展这一前提上的。他的历史物和逻辑物的统一，并不是以"实践"为基础的唯物论的统一。我们绝不能依照黑格尔的唯心论观点，如实地来接受他对古代哲学的时代划分。阿那克沙哥拉的理性哲学，可说是唯物论的内容，应放在德谟克里特的后面，如果把它认做自然哲学——直接规定形式下的抽象思想——的完成，即认做向规定自己本身的思想去的发展，那完全是唯心论的见解。

我们和黑格尔不同，把古代哲学的发展，从其理论的特性和历史的社会的特性这两方面，分为三个时期。

第一期　从泰勒士（纪元前 624—前 545 年）创始的米勒都斯学派之自然发生的辩证法的唯物论哲学（自然哲学）[②]，到德谟克里特（纪元前 470 或前 460—前 380 或前 370 年）的原子论之确立，这是古代唯物论的确立过程（当然，德谟克里特唯物论的这一确立过程，不是直线发展的过程，是原子论的唯物论经过和唯心论对抗而确立的过程）。这一时期的科学成就，表现在赫拉克里特的辩证法和德谟克里特的唯物论中。一般地说，这一时

① 黑格尔：《哲学史》，第 1 卷，第 1 部。——原注

② 原稿为"自然科学"，按文意应为"自然哲学"。径改。——编者

期的哲学，其特性就在于它是和自然科学的研究紧密结合了的自然哲学。泰勒士已不是从神话观念解放出来的神话的存在者，他的哲学，把物质作为一切东西的根源揭示着。克塞诺法内说："人创造神，他们在那上面，看出他们自身的姿势和他们的感想和他们的言词。"阿那克西曼罗、恩白多克列、阿那克沙哥拉、德谟克里特，所有这些人们的哲学，也是反宗教的唯物论内容的自然哲学。

泰勒士创始的米勒都斯派的自然哲学[①]，是自然发生的唯物论。这种唯物论的思想，同时又是自然发生的辩证法。世界被它在运动、推移、关联上去把握，物质被它看做根源的东西，把握其多样性及不断的运动和变化。一般地说，辩证法和唯物论，在其直接的统一上表现着，这种直接的统一，乃是当时自发的唯物论世界观中，必然发生的。最有力地表现出这一自然发生的辩证法来的，是赫拉克里特的哲学，是古代哲学的最高峰之一。但是，赫拉克里特的这种辩证法实是直观的辩证法，这是初期希腊唯物论的缺点。

人类认识的发展，就是一串抽象、定式化、概念及法则等等，基于人类的社会实践之发展而形成的过程。在这一过程上，客观世界的诸契机，愈益深刻地反映于认识中。直接的感性的认识，经过一面化的过程，把它自身的诸规定弄得丰富化，更多发展到全体的认识。人类的认识，是一个画着曲线的运动。因此，在后来的发展上，那直接和唯物论统一了的辩证法，发展和诸概念的唯心辩证法，接着在古代哲学的第二期，从亚里士多德的哲学中，发现它自身的古代的完成。

相反地，唯物论发展为机械的唯物论，在德谟克里特的原子

① 原稿为"自然科学"，按文意应为"自然哲学"。径改。——编者

论的唯物论中，达到古代的最高阶段。德谟克里特的唯物论，是从来希腊哲学的整个发展的综合（虽说是机械的综合），是自然哲学[的][1]古代的完成。

第二期　这一期，以纪元前五世纪索非斯特派的活动为机捩，产生苏格拉底（纪元前469—前399年）[2]及柏拉图（纪元前385—前347年）[3]们的贵族的反动哲学，接着从唯物论和唯心论的斗争、唯心论的反动过程中，完成亚里士多德（纪元前385—前322年）的辩证法。伊壁鸠鲁[4]（纪元前341—前270年）的唯物论，这个把德谟克里特的唯物论，大致如实地承继起来的唯物论，也属于这一期。

这时期的一般特征，在于哲学已不是前一时期那样的自然哲学了，它并没有和自然科学的研究紧密结合，可说它的对象，已由客观移到主观、由自然移到人类（思维概念）了。在苏格拉底、柏拉图们的唯心论发动对唯物论斗争的过程中，鲜明了“意特”(Ideal)[5]的辩证法的矛盾，接着从亚里士多德的包括的哲学中，成功了辩证法的古代的完成。这一辩证法的古代完成，从其唯心论方面看，就是如下的情形：唯心论在其和唯物论斗争的过程中，日益带着唯物论的内容，接着达到理念的辩证法。这种情形，根本意味着唯物论在哲学发展过程上的胜利。但是，那却不

---

① [　]内字系编者所加。——编者

② 苏格拉底(Socratēs，前469—前399)：古希腊哲学家。生前未曾撰写著作，其思想主要由其学生柏拉图保存或发挥，见柏拉图的对话。其另一学生色诺芬著有《回忆苏格拉底》。——编者

③ 柏拉图(Platon，前427—前347)：生年一作前385，古希腊雅典哲学家。主要著作有《斐多篇》、《会饮篇》、《斐德罗篇》、《国家篇》、《巴门尼德篇》、《泰阿泰德篇》、《智者篇》、《蒂迈欧篇》、《法律篇》等。——编者

④ 伊壁鸠鲁(Epicuros，前341—前270)：古希腊哲学家、无神论者。伊壁鸠鲁学派（或花园学派）的奠基人。原撰有300多卷著作，现保存下来有《致希罗多德的信》、《致墨诺和斯的信》等。——编者

⑤ “意特”后面，作者原稿加上括号，英文由编者所加。——编者

是唯物论的完全胜利。一般地说，古代哲学，缺乏唯物论完全胜利的历史条件、社会条件。

亚里士多德曾想克服古代哲学中唯物论和唯心论的对立，把德谟克里特的唯物论和柏拉图的唯心论统一起来。亚里士多德的哲学及其辩证法，是古代哲学全发展的最高统一，是古代哲学的最高完成。古代哲学发展的第二期，重要的科学成就，正表现在亚里士多德哲学所包括的体系及其辩证法中。这一期中的伊壁鸠鲁的唯物论，在唯物论和唯心论这两极的斗争中，形成了唯物论的一极。

第三期　从希腊灭亡时候起，亚里士多德、伊壁鸠鲁以后的希腊—罗马哲学，属于这一期。在这一期的前期出现的，是斯多噶主义、伊壁鸠鲁主义(快乐主义)、怀疑主义。它们全是已经腐败的希腊蓄奴社会[①]之意识形态的反映。后期出现的，有新柏拉图主义，它是蓄奴社会的罗马帝国内在矛盾的激化之表现；有基督教哲学，它是纪元 325 年的尼斯会议中确立起来的东西。

这一期内，也有罗马诗人兼哲学家的鲁克黎杜(Lucretius，纪元前 97—前 55 年)[②]，在纪元前一世纪，继承伊壁鸠鲁的唯物论，把它叙述出来。亚历山大地方，并出现了一些从哲学分离出来的个别科学，尤其自然科学的发展，例如欧几里得(纪元前 330—前 275 年)的数学、阿基米德(纪元前 287—前 212 年)[③]的力学，喜帕卡士(纪元前 190—前 126 年)[④]的天文学，在医学上，则有赫罗菲鲁和尼拉西斯特拉，对于神经和脑的构造及机能的

---

① 即奴隶社会。——编者

② 鲁克黎杜(Titus Lucretius，约前 99—前 55)：亦译卢克莱修，生年一作前 97。古罗马伊壁鸠鲁学派哲学家、诗人。主要著作有《物性论》。——编者

③ 阿基米德(Archimedes，前 287—前 212)：亦译阿基米得，古希腊学者，曾发现杠杆定律和阿基米德定律。——编者

④ 喜帕卡士(Hipparchos，约前 190—前 125)：又译喜帕恰斯、伊巴谷，卒年一作前 126，古希腊天文学家。——编者

研究。虽然如此，可是哲学却完全脱离了自然科学的基础，脱离了生产的基础，失掉从来建设体系的积极精神，变成沉潜于人生智问题的俗流唯心论哲学，哲学之唯心论的堕落、神秘主义化、宗教化，这些全表现着哲学的退步，这是第三期希腊—罗马哲学的一般特征。

古代哲学的历史发展，因其理论的特征而分为上述三个时期，这三个理论的发展阶段，又适应着古代社会的三个发展阶段。逻辑的发展——认识的发展，和社会的历史发展统一着，古代哲学，就是奴隶社会的哲学。

奴隶劳动造成的生产增加和发展，是古代哲学发生和发展的物质基础。基于生产不断地发展，便有着一方面的富的蓄积(货币资本、商业资本的蓄积)，形成该方面的生活优裕。于是艺术、科学、哲学等整个文化，在这上面开花起来。奴隶制度才能使得农业和工业间的分工，大规模地可能，因而使得古代世界精华的希腊文化也可能。“没有奴隶制，就没有希腊国家，就没有希腊的艺术和科学。”[①]

商品生产和商品交换的发达，使得氏族共产体的诸关系，趋于崩溃，使得奠基在奴隶所有者的生产形式[②]上的古代社会，达于成立，这是纪元前六世纪中的事情。正是这时期，希腊哲学在古代社会的内部，发生发展起来。因此，古代哲学的发展，根本被奴隶制的发展制约着，古代社会的诸特性，同样，也被奴隶所有者生产形式之本质的矛盾规定着。

奴隶劳动的单纯协业[③]，和奴隶劳动的极低度生产性，两者互相矛盾着，这是奴隶所有者生产形式的根本特征。第一方面

---

① 恩格斯:《反杜林论》，第 178 页，人民出版社 1970 年版。着重号为引者所加。——编者

② 即生产方式。下同。——编者

③ 即简单协作。——编者

的单纯协业，虽然意味着协业生产[1]，就是说，意味着奴隶所有者大生产，可是奴隶所有者的大规模生产和个人小规模生产的斗争，大规模生产和小规模生产的驱除，自由民（手工业者和农民）走上奴隶地位的没落，所有这些现象，必然从这一点发生出来。因此，古代世界发展的全史，变成奴隶所有者的生产和个人生产斗争的历史，也就是奴隶所有者和小生产者斗争的历史。

至于，第二方面的奴隶劳动的低度生产性，是由于奴隶和奴隶所有者，都没有具着使生产技术更发达的能力之所致，这便在奴隶所有者的经济本身发展的面前，筑了一道不可逾越的巨大界限。因此，奴隶所有者的经济，根本是自然经济，在这一经济状况中，尽着附属作用的货币——高利贷诸关系，表现了显著的发展。

一方面，大规模生产者在促使独立生产者没落，他方面，又没有何等促进自身技术、生产力更发展的可能性，这形成了奴隶所有者生产样式本身的矛盾现象，这种矛盾，对于古代社会，全是破坏的矛盾。从这里，便成立奴隶所有者社会的经济构造所特有的循环矛盾的关系，逃不脱的绝路，奴隶制度，使商品生产、商业（商业资本）的发展成为可能。相反地，这一商品生产和商业（商业资本）的发展，却把奴隶制度，驱到最后阶段上去。在古代社会，商业作用和商业资本的发达，常是结束奴隶经济的。[2]但是，古代商业资本发达的泉源，仍是奴隶经济。奴隶制度遂在这样循环矛盾的关系中，把自己引到最后的终点——崩溃点上。商业资本在奴隶制度的发展期，为要使得奴隶制度发展，爬高到基于奴隶劳动的大规模生产的阶段，曾于一定的历史界限内，尽了进步的作用。商业资本的发展，是和生产力的发展结合着的，

---

① 即协作生产。——编者

② 参见马克思：《资本论》，第 3 册，第 364 页，人民出版社 1974 年版。——编者

可是到了奴隶制度社会的内在矛盾暴露出来，愈见激化时，商业资本便不能解决奴隶制社会的矛盾，反而加强其矛盾。

商工业发达，财富为少数者集中，自由民贫穷化，这样的过程中，自由民已不能拿自己的劳动与奴隶劳动竞争，必然没落下去。因此，雅典国家便灭亡了。灭亡雅典的不是德谟克拉西，实是奴隶制度。[①]

以奴隶制为基础的生产，以它为基础的国家，没落下去。这种解体，多是先起的国家被后起的更强大的国家所征服。[②] 例如马其顿的征服希腊，罗马的征服马其顿。但是后起的国家，又复站在奴隶所有者的生产样式上，直至日耳曼人侵入罗马，把罗马灭亡后，腐败的奴隶所有者社会，才得到最后的结束。

从上述奴隶所有者生产样式的根本特征看，明了以下的几点：

第一，希腊罗马虽分为两国家，而希腊哲学和罗马哲[学][③]不能不一律作为古代哲学去把握。希腊和罗马，原来社会、经济、文化，都互相关联着，其所以如此，正是由于两者都是古代社会，都立足于古代的生产样式——奴隶所有者的生产样式这同一基础上。

第二，古代哲学三阶段的理论发展，自有其历史的社会的基础之所在。

产生赫拉克里特辩证法和德谟克里特唯物论的第一期，是基于分工发达的商品生产（工业的生产）和商业（商业资本），表现发达的时期。在这一时期，哲学是自然哲学，它具有实践的性质，和自然科学的研究紧密结合着。

① 恩格斯：《家庭、私有制和国家的起源》，第 110 页。——原注

② 恩格斯：《自然辩证法》。——原注

③ [ ]内字系编者所加。——编者

当这一时期的末期——纪元前五世纪，正是以雅典为中心的商工业繁荣期，德谟克拉西的发展期。纪元前五世纪的哲学发展的社会基础，正在这点上。格罗特说："纪元前五世纪，是雅典、亚西里亚及其他的德谟克拉西的第一世纪。此外，在这一时期中，希腊诸都市间的政治关系，从伊奥尼亚叛乱及波斯侵入希腊以来起，变成更复杂而且更永续的东西了。"[①]市民的产业活动活泼化，德谟克拉西繁荣化，希腊诸都市间的关系紧密化，总之，雅典德谟克拉西的上面，开了希腊最灿烂的文化之花。可是，雅典德谟克拉西的基础——奴隶制度——的诸矛盾，也在这雅典德谟克拉西的最盛期、希腊文化的最高期中，成熟起来了。

商品生产，人们相互间的自由交换，私有财产制度彻底化，所有这些条件，当然产生个人主义的哲学。当时以个人主义哲学家出现的索非斯特派，虽是雅典德谟克拉西的思想家，然而这派的思想中，已经反映着奴隶制度诸矛盾的成熟和激化。哲学思想在生产外面游离起来，雅典德谟克拉西的没落诸条件，就在雅典德谟克拉西下面准备着。商品生产的发达，在自由民中，掘深富人和穷人间的鸿沟，推进财富在一方面集中，自由民没落的过程，生产力的发展停滞，奴隶制度的内在诸矛盾，明显的表露出来，于是发生贵族对于德谟克拉西的反动。哲学离开"实践"而在自然科学的外面游离，成为观想的(柏拉图)，哲学的对象，从自然转变为人类(思维)。索非斯特派成了古代哲学进入第二期的转折点。

古代哲学第二期，是奴隶制度走到尽头，内在诸矛盾成熟得显著化的时期，是使亚里士多德说：市民与奴隶的接触，使得市民颓废的时期。[②] 唯心论的反动之兴起，就是这个奴隶制度的矛

① 格罗特：《希腊史》。——原注

② 恩格斯：《自然辩证法》。——原注

盾的反映。

亚里士多德及伊壁鸠鲁以后古代哲学的第三期，开始于希腊灭亡时，因着奴隶所有者社会样式的矛盾激化，这一期实是奴隶所有者社会的一般没落期。连发展起来了的罗马，也转瞬间就进入没落期了。

古代哲学的发展，如上述地受了奴隶制度发展的约制。

再说到第三点，就是古代哲学有它的许多特性。

上面已经说过，奴隶所有者生产样式的根本特征，就是奴隶劳动的单纯协业和奴隶劳动的极低度生产性之间时矛盾，逃不脱的绝路。因此，古代哲学的特性有如下述：

（一）古代社会立脚在奴隶劳动的极低生产性上，没有具备更大的技术发展、生产力发展的可能性，同时，经济尽管是商业资本的发展，却根[本][1]是自然经济。从这些事实中，便结论出认识发展上的古代限界，哲学发展上的古代限制。德谟克里特唯物论的机械性质，赫拉克里特辩证法的直观性质、原始性，亚里士多德在唯物论和唯心论之间的动摇，正明确地显示着那些限界和限制。

（二）小生产者一般沦落，奴隶所有者贵族的腐败生活，规定了哲学的唯心论堕落，斯多噶主义、快乐主义、怀疑主义遂流行起来。这种情况，实是替宗教（原始基督教）的意识形态准备着地盘。这样的倾向，在苏格拉底学派的犬儒学派中，也曾出现。

（三）古代的矛盾，既是逃不脱的绝路[2]，古代社会，便不能从自己本身的内部，发现一定的进步要素，继承其哲学的发展。古代哲学的积极成果，经过中世纪的长期黑暗时代，直到入于近代后，才能真正复苏过来。

---

① [ ]内字系编者所加。——编者

② "路"，原文误为"起"，今依原意径改。——编者

(四)从以上各点看,古代哲学,常是奴隶所有者的哲学。不过就奴隶所有者说,也可分为两个集团。第一个集团,和奴隶制度社会内部的商工业发展结合着,这是单纯奴隶所有者的集团。这个集团在奴隶制度的发展期尽了一定的进步作用。古代唯物论和古代辩证法,多出自这些进步的奴隶所有者们的手中。第二个集团,是土地贵族的集团,多少具有保守的反动性质,这因为他们的生活是寄生的原故。

和工商业结合了的奴隶所有者这一进步的集团,是哲学科学发展的担任者,从这一点说,希腊社会和亚细亚社会根本不同。亚细亚社会不曾有过那种进步的奴隶所有者的集团。另一方面,就希腊不仅有商业,而且还有高度发展的工业来说,也和单纯商业民族的埃及、巴比伦、亚西里亚、伊特鲁立亚等民族,有着分别,它不但和那些民族有分别,并且和罗马也不相同。罗马在后期共和制时代,商人资本的发展,已经高到古代世界史无前例的程度,可是工业方面的发展,却仍没有何等进步。①

在罗马方面,虽然奴隶制度有着大规模的发展,可是纪元前一世纪时,除看见一个鲁克黎杜(Lucretius)继承着伊壁鸠鲁的唯物论外,全是开倒车的唯心哲学在支配。

---

① 马克思:《资本论》,第3册,第364页。——编者

第二章　第一期
——古代唯物论的确立

第一节　米勒都斯学派

我们称呼着米勒都斯派哲学或伊奥尼亚派哲学，就是指的泰勒士、阿那克西曼罗、阿那克西米内的自然哲学。因为这派哲学产生的地点，是纪元前六世纪时，伊奥尼亚诸都市中最古最有力的米勒都斯市，所以这样称呼它。米勒都斯派的哲学，是哲学史的开端。

然则米勒都斯派哲学的中心课题是什么？就是世界的科学认识，物质的统一性之认识，这是脱离了宗教神话观念的东西。他们曾发问：一切事物的“根源”是什么？所谓“根源”，就是“构成一切事物，一切事物所从生，一切事物所归着的地方。换一句话，就是实体存在而不复，变化的只是它的性质的那东西”。[①] 米勒都斯学派的哲学，曾探求生成、消灭、运动、互相关系的世界本质（根源），它们认定那是物质的东西。从这一点说，米勒都斯派的哲学是唯物论。同时，它们既从变化、生成、消灭、运动中把握世界，在这一点上，他们的唯物论，且是辩证法的。

同时，米勒都斯派哲学的这一唯物论的特征，实是从泰勒士到德谟克里特的古代哲学第一期，多数哲学家共通的特征。亚里士多德在其《形而上学论》中，曾就泰勒士、喜彭[②]，阿那克西米

---

① 亚里士多德：《形而上学论》，第1卷，第3章。——原注

② 喜彭（Hippon，约前5世纪）：亦译希波，亦名“希波纳克斯”（Hipponax），古希腊早期自然哲学家。其著述已佚，仅存残篇。——编者

内、狄奥奇内[①]，美他本奇温的喜巴索士[②]、以弗索的赫拉克里特、恩白多克列[③]、阿那克沙哥拉等人对于“根源”的见解，叙述道：“初期哲学家多把物质的原理，看做万物的惟一原理。”[④]第一期的哲学多数所有的这种唯物论的及辩证法的特征，可以从他们是奴隶制社会向上发展期的产物这点来说明。

一、泰勒士

泰勒士(Thales)出生在米勒都斯，生于纪元前 624 年，死于纪元前 545 年。他是政治家(希腊七圣之一)，同时又是自然科学及实际的技师。他的几何学、天文学、自然科学的一般知识，曾博得古代人们的叹赏。他创造测远器，以为天体是一个空洞的球，尤其曾预言了纪元前 585 年 5 月的日蚀。他又精通治水工程学，相传他曾指导哈力乌士河水道变更的工事。

泰勒士被称为“哲学的创始者”，他认为万物的“根源”是“水”，地球寄托在“水”的上面。从这里，奠下了认为物质为“根源”的初期希腊哲学的基础。泰勒士何以把水认做“根源”？关于这一点，亚里士多德曾作臆测的说明，他说：“泰勒士所以抱着那种见解的，当是由于看见一切营养都会有水分，并看见热由温润而生，生物由此生活的结果。生万物者万物之原理，他或许是由这一点出发而抱着那种见解的。试看一切种子，全有着湿润

① 狄奥奇内：通译第奥根尼(阿波洛尼亚的)(Diogenes Apollonia，鼎盛年约前 440—前 423)，古希腊哲学家。著有《驳智者》、《气象学》、《论自然》，均佚失，现保存有《论自然》中的 10 则残篇。——编者

② 喜巴索士(Hippasus，约前 6 世纪末至前 5 世纪后初)：亦译希帕索，古希腊哲学家，属早期毕达哥拉斯学派。其后观点，企图调和毕达哥拉斯学派和赫拉克利特的学说。——编者

③ 恩白多克列(Empedoclēs，前 495—约前 435)：亦译恩培多克勒，古希腊哲学家、诗人。著作《论自然》、《净化篇》均佚失，现保存有 150 余则残篇。——编者

④ 亚里士多德：《形而上学论》，第 1 卷，第 3 章。——原注

性质，水又是湿润的原理，他也或许是根据这一点。”[①]亚里士多德这一说明，诚如黑格尔所说，确是臆测，对于泰勒士，并无何种根据。[②] 他的见解，倒可以从下面的情形来说明：泰勒士所住的地方，是小亚细亚沿岸诸都市之一，海洋做了这些都市的主要活动舞台，因而老早发达了气象学、天文学，气象学天文学的现象，又是人们关心的主要对象。就是说，把“水”认做“根源”，实是当时生活关系的反映。

水可变可动，容易成为液体、固体、气体的形态，因此，遂认为一切事物的特殊形态，都是“水”这一“根源”的变形。这里，我们看见从关联上，从生身、死灭、变化、运动上，把握一切事物的自然发生的辩证法。

二、阿那克西曼罗

阿那克西曼罗(Anaximandros)，也生于米勒都斯，他比泰勒士出世稍晚，在世期间是由纪元前 610 年到[纪元前][③]547 年。他也是自然科学家(实际的技师)兼政治家，富有数学、天文学、地理学的知识。相传他曾创作青铜制的世界地图，写成了一种为航海者指示夜行方向的星图，并开始传播日晷仪的使用。此外他还作过朋特地方米拉都士的殖民地阿波洛利亚(Apollonia)的建设指导者。

阿那克西曼罗，把“根源”认做“无限者”，他的哲学，就是泰勒士哲学的发展，他所说的“无限者”，诚如黑格尔的话，“显然不是物质一般，普遍的物质以外的东西”。[④] 那是“向着一切方向无限扩展的物体”，由于从它身上“分离”的作用，起着发生冷物和

---

① 亚里士多德：《形而上学论》，第 1 卷，第 3 章。——原注

② 黑格尔：《哲学史》，第 1 卷，第 1 部，第 1 章。——原注

③ [ ]内字系编者所加。——编者

④ 黑格尔：《哲学史》，第 1 卷，第 1 部，第 1 章。——编者

暖物，再由这两者生出流动体，流动体干燥的结果，又生出地和空气，以及那同外皮一样包着这两者的火球来。火球裂而形成环，日月星辰便脱离火球，拿均等的距离围绕火球。阿那克西曼罗又认为生物是从地上最初的泥泞中产生，人类是由鱼进化，从水栖到陆栖的。这是一种进化论。他又说："从无限的物体中，分出无限的天界和无限的世界。因为它们是永久分离地存在的，所以自身中间种了沦落的因。""万物皆生，因而万物皆灭，生的地方原已注定灭的命运。"[①]

这是辩证法的进一步的发展，成了赫拉克里特的先导。

三、阿那克西米内

阿那克西米内（Anaximenes），也生于米勒都斯，他是纪元前588年到[纪元前][②]524年间的人。他也是优秀的自然科学家，天文学的知识很进步。他认识月光是太阳的反照，并分别了游星和恒星。

他认为"根源"是"空气"。阿那克西曼罗所说的"无限者"，其最本质的属性之无限性、可动性、无限转变的可能性，被他注意到，所以他把"根源"看做一定物质的"空气"。他以为空气"稀薄化"之后，就发生火，"浓厚化"或收缩之后，就发生风、云、水及地。阿那克西米内的这一见解中，也同泰勒士的见解中一样，看得出气象学研究的影响。[③]

---

① 作者原注："亚是士多德评解曰：'从无限分离出来的反对的东西，不外是寒暖干湿之气，暖而干的，与寒而湿的，彼此为反对的活动，因此就出了天地万物。'""阿氏仅遗存一句话：'凡物当从一定的地方，归还原来的地方，所以在一定的时间，都应当对于不正的动作，受罚与赔偿。'"——编者

② [ ]内字系编者所加。——编者

③ 作者原注："流传句：'空气是万物生存的元气，全世界因空气保持生存，也同我们因空气保持生存一样。''万物之不源由空气之厚薄。'""人的心灵即类空气，心灵第一次入于哲学思想。又以'力'，空气厚化薄化之力解生成。引'力'入于世界观。"——编者

如上所述，米勒都斯学派的哲学家，每个都是自然科学家（实际的技术家）兼政治家，这一事实，意味着他们哲学的实践性，同时，从这里，又理解他们的哲学，是和自然科学知识结合了的唯物论。可是他们[的][1]唯物论，还是自然发生的唯物论。这个唯物论，把物质规定为惟一的“根源”，可是它却不能明了，“思维对于物质的关系”。

因着那是这样自然发生的唯物论，便有着发生“灵魂能脱离身体而存在的教义”、唯心论的可能性。一般地说，在当时的生产力阶段上、自然科学知识发展阶段上，唯物论决不会成为完全的唯物论，只能成为自然发生的唯物论。这里，便准备了后代哲学分裂为唯物论和唯心论的可能性。

泰勒士曾说，“万物皆生，充满着神”，“磁石特别是活物”。[2]因此泰勒士是单想表现事物的“力”的，这是自然认识受古代限制的必然结果。从这里，可以理解米勒都斯派唯物论的自然成长性、不完全性。它虽是一种把握物质统一性的唯物论，也是自然发生的东西。使米勒都斯派的辩证法更发展，把它最有力地表现出来的，乃是赫拉克里特。

第二节　赫拉克里特

米勒都斯学派的自然发生的辩证法，到了赫拉克里特手中，更深化，更发展起了。用黑格尔话说，赫拉克里特（Heraclitos）是最初“把握自然的本质，把自然当做即自的无限者来叙述，当做过程来叙述”的伟大人物。“赫拉克里特把绝对者解做辩证法

---

① [ ]内字系编者所加。——编者

② 格罗特：《希腊史》，第4章，第310页。——原注

的过程。”[①]他的辩证法在黑格尔看来，是“客观的辩证法”。他是把辩证法当做原理把握了的，黑格尔从他身上发见了辩证法的“祖国”。据黑格尔自己说：“赫拉克里特的命题，没有一个不被采入我的逻辑学中。”[②]

赫拉克里特生于米勒都斯地方属于伊奥尼亚的伊非索士(Ephesus)。他在世的时期，约为纪元前535年到[纪元前][③]475年。他的时代正是市民和贵族斗争，德谟克拉西和贵族主义斗争，新的和旧的斗争的时代，是氏族制度死亡，奴隶制度胜利的时代。然而在这一过程中，奴隶制社会的矛盾却已明显化，因着波斯人征服了希腊人的小亚细亚沿岸，因着纪元前五百年后伊奥尼亚人的叛乱失败，希腊的殖民诸都市，已表现政治经济的一般衰退，人们深抱对于明日的不安和疑虑。

赫拉克里特生在这个变化和动荡的时代，完全从公[共][④]生活中退出来，度着哲学思索的孤独生活，德谟克里特被呼做“笑的哲学家”，他却相反地被呼做“哭的哲学家”。[⑤] 他的话是神托的，所以古代送他一个“暗昧人”的绰号。[⑥] 他的思想，艰深难解，据苏格拉底说，“如果不是德罗斯的熟练潜泳者”，谁也摸不透他的底。他虽是一个那样的贵族主义哲学家，可是他却承受了米勒都斯派反宗教的唯物论的传统，把自然发生的辩证法，提高到了古代的完成。

纪元前六世纪历史的诸变革，旧氏族制度及其残余的决定

---

① 黑格尔：《哲学史》，第1卷，第1部，第1章。——原注

② 作者原注：“前三位由变化界推到不变的原质，形式逻辑之同一化。”“赫氏否认不变者，而由变者自己运动中之对立运动以解释变。辩证法之统一化。”——编者

③ [ ]内字系编者所加。——编者

④ [ ]内字系编者所加。——编者

⑤ 作者原注：“笑的哲学家是机械唯物论原子论者(超越的冷静的微笑)。哭的是唯物辩证论者(有热情，革命)。”——编者

⑥ 作者原注：“如孔子之赞老子为犹龙。合理主义者之向往！”——编者

的崩溃，这样的时代，作了赫拉克里特辩证法的基础。德谟克拉西和贵族主义的斗争，社会的诸矛盾，他所处的这个变化和动荡的时代，反映于他那叙述世界矛盾的学说辩证法中了。他说："战争是万物之父、万物之王，战争使有些人变成神，使另一些人变成人，使有些人变成奴隶，使另一些人变成自由民。""但是，要知道，战争到处存在，真理就是不知，它必然经过斗争而产生出来。"赫拉克里特那样把斗争和矛盾认做事物的生命和法则。他的哲学，就是米勒都斯派哲学的发展，尤其接近阿那克西曼罗。赫拉克里特哲学的特征，在于它是黑格尔所谓的"客观辩证法"以及和这辩证法直接统一了唯物论。[①]

他认为万物都生长、运动、变化。他说："万物都生长"，"虽然静止着，其实都在变化"。又说，"万物都流动，一切都不是经常的，一切都不停止在同一物上面"。他"把万物比做河流"，"人不能再走入同一水流中"，因为"新的水不断地流到人的面前来"。[②] 这样把万物看做"生长"的他，又认为"有和非有是同一物，一切都是有，同时一切都是无"。就是说，真这东西，全是对立的统一、矛盾。因此，他把对立的统一这门学问——"客观的辩证法"，有力地表现出来了。

他的哲学，一方面是那样辩证法，同时又是从米勒都斯派的

---

① 作者原注："列宁引菲伦之言云：'一（一即太极、大一）是由二个对立构成的，故在分裂为二的时候，这些对立就显现出来。'这个命题借希腊人的话来说，岂不正是他们伟大光荣的赫拉克里特为首，而被当做新发现加以夸耀的吗？《哲学笔记》（按此语系 Philo 所说，见 Burnet《初期希腊哲学》第 129 页）。"斐洛，亦译菲伦，亚历山大里亚的 Philo，为公元 1 世纪初犹太教哲学的主要代表，他企图把犹太教与柏拉图主义和斯多葛主义结合起来。斐洛的神秘主义对基督教的神学有很大的影响。作者所引这段斐洛引文，见列宁《拉萨尔〈爱非斯的晦涩哲人赫拉克利特的哲学〉一书摘要》。《哲学笔记》，第 396 页，人民出版社 1974 年版。——编者

② 作者原注："变化有两点注意：(一)变化为相反者之调和（平衡），如（琴与琴弦，弓）；(二)变化如轮转，向下运动与向上运动。非如河流向着一定方向流，是向相反方向运动，转化为其对立物！"——编者

自然哲学承受下来的唯物论。他认为“根源”是“火”。就这一点看，诚如黑格尔所说，他应该“算做伊奥尼亚派的自然哲学者”，[1]他认为“根源”就是当做物质看的“火”，这“永远活着的火”，首先变形为水(流体)，水再生地(固体)与空气，这是“下向的道路”，反过来，复由地生水、水生火，这是“上向的道路”。[2] 这种“下向的道路”和“上向的道路”，归根说，就是一方是作为对立的存在着的分裂，他方是这存在着的对立之合一，因此，万物就发生。“一切变为火，火又变为一切，恰和商品变为黄金，黄金变为商品一样”。[3] 这里，一方面说的是作为对立的统一看的辩证法，作为对立的互相渗透着的生长概念，尤其是作为物质看的“火”的实在辩证法；他方面却很明显地表现这一实在的辩证法，就是分工发达、商品生产[4]发达、商品交换发达的反映，即当时社会发展的反映。因此，他的辩证法，原是奴隶制社会发展的产物。

他的哲学之成为唯物哲学，不仅从他作为“根源”看的“火”的唯物论性质说，事属显然，就从他把作为抽象过程看的“时间”，认做实在东西这点说，也很明白。据塞克特斯(Sextos)说，赫拉克里特认为“时间是第一次的物体的本质”。从这一点看来，拉沙尔[5]把赫拉克里特的唯物论或唯物论倾向，抛弃不顾，却

---

① 作者原注：“同前。”系指黑格尔：《哲学史》，第1卷，第1部，第2章。——编者

② 作者原注：“火非炉中火，乃永无限制，永变形的物质而已。非抽象的变化律，亦非不复之物质。如此前三哲。”——编者

③ 作者原注：“‘一切和火交换，而火也和一切交换，好象商品和金交换，而金也和商品交换一样’。”——编者

④ 原稿为“商品生长”，现按上下文意径改。——编者

⑤ 作者原注：列宁：《哲学笔记》，《拉沙尔：(赫拉克里特的哲学)》。拉萨尔，又译拉沙尔(Lassalle，Ferdinand，1825—1864)：德国小资产阶级社会主义者，全德工人联合会的创办人之一，他为德国工人运动中的机会主义倾向创造了开端。——编者

认他是唯心论者，这是要不得的观察，我们必须给以深刻的批评。[①]

不错，赫拉克里特屡次使用"神"这一语，但是他的这个神，不外就是自然的物质法则。[②] 他说："神，是昼也是夜，是冬也是夏，是战争也是和平，是饱食也是饥饿[③]，他就是一切的对立。"又说："世界不是什么神的创造，也不是什么人的创造，可说那是永远活着的火，依着法则燃烧，也依着法则消灭。"列宁引了此言云："这是辩证唯物论端初中非常优美的叙述。"[④]

赫拉克里特的伟大的功绩，就在于开始把世界的"客观辩证法"，明白而有力地表现出来了。这一辩证法，被他唯物论直接统一着。不过，这里仍有着我们曾在米勒都斯学派身上看见过的那种认识的古代限界，这是不能不注意的事。立脚在劳动的低度生产性上的古代奴隶制度社会。对于自然的支配，只能达到不充分的程度，于是人们对于自然的认识受着奴隶所有者生产样式的规定，发生一定的限界。古代优秀的唯物论哲学者们，也不能跳出这个限界。赫拉克里特说，感官是"虚伪的证人"，"是撒谎的家伙"。[⑤] 他认为万物既然流动，所以感性的知识中，没有任何真理，感性的确实性，既不在，也不曾有。这里，已经准备了唯心论成立的理论条件，可以往后发展下去，到了奴隶制度陷于绝境，便发生唯心论的公然反动。

这样的情形，规定了赫拉克里特的辩证法，是直观的辩证法，是感觉的具体形象的辩证法，是还不曾由本身的抽象诸规定

---

① 作者原注："尼采云：'没有人比赫写得更明朗和灿烂。'Diels 也云：'暗昧的赫氏之哲学并不如古代所称之暗昧。相反，前苏氏哲人中几乎没有一人如赫氏之著名与被了解。'"——编者

② 作者原注："神＝Sogos"。——编者

③ 作者原注："神是丰裕也是缺乏。"——编者

④ 参见列宁：《哲学笔记》，第 395 页，人民出版社 1970 年版。——编者

⑤ 麦林：《哲学史》，第 32 页。——原注

作媒介的所谓即自(ansick)的辩证法。赫拉克里特的辩证法，虽然正确地把握了诸现象的全体姿态上的一般特性——流动、变化、生长、死灭，却没有能够充分说明构成这一全体姿态的个别。在自然科学发展得不充分的当时，深刻研究物质的内在法则的意识的辩证法，还没有能够产生。因此，往后发展下去，辩证法就脱离和唯物论的直接统一了。

第三节 毕达哥拉及毕达哥拉学派

毕达哥拉(Pythagoras)及毕达哥拉学派的哲学，产生的地点，不像伊奥尼亚诸都市，处于世界交通的要冲，相反地，恰是寂静的南意大利。这种情形规定了毕达哥拉及毕达哥拉学派的性格。这种哲学，不同米勒都斯学派的哲学一样，是紧密地结合了自然科学研究的实践哲学，实是具着唯心论的宗教的性质的哲学。这样的性质，和它是贵族主义哲学的一点相关联。不过，它虽是这样的哲学，却仍同伊奥尼亚哲学一样，是探究万物"根源"的自然哲学。①

毕达哥拉在纪元前 580 年时，生于萨莫士岛，死于[纪元前]②500 年。他因为勤学和旅行，饱获了种种方面的知识，其后他在壮年时代，多居于南意大利的克洛登(希腊在南意殖民地中的主要都市)，在那里组织了一个宗教的团体，世人呼做"毕达哥拉的徒众"。后来这个教团，拿一种类似 Orphics(灵魂移位，人性罪恶)教的教义，渐在南意的全部，构成贵族主义势力的一中

① 作者原注："恩格斯《自然辩证法》云，毕派历史功绩就在于'他们第一次说明了世界法则的思想'，认识了数量关系的形式，阐明了世界的数量存在的一方面，物与物间的数量关系。但是，他从物的质的多样性中抽出了量，而把世界归结于抽象的数，他们把神秘的数扩展到整个世界上来。"——编者

② [ ]内字系编者所加。——编者

心，和民主主义的势力对抗。结果，毕达哥拉再迁往毗邻的美它本奇温，于纪元前500年死在那里。毕达哥拉教团的教徒们，除作戒律的生活和道德的训练外，复为了灵魂的净化而研究音乐和数学。这个教团，一直存续到克洛登的教堂被反对势力焚毁时(纪元前450年)。

毕达哥拉及毕达哥拉学派，认为“根源”是“数”。据亚里士多德说，他们“是研究数学，推动数学进步的最先的人们，因为受着该项问题的训育，遂把数学的原理，当做事物的原理，在数学上，性质上数是第一的东西，所以他们相信在数的上面，比在火，或土，或水的上面，更能看见存在或生长的类似。就是说，他们认为数的某种规定是正义，某种规定是精神及理性，更有某种规定是契机，此外，其他一切事件，差不多都全是用数去规定的。不仅此也，他们还认为音乐调和的规定和关系，也在数中。总之，他们于发见一切事物的整个性质，都是模写着数，数是全世界中第一的东西，结果，便拿数的元素作一切事物的元素，并认为全世界就是调和，就是数”。①

毕达哥拉学派最优秀的代表者费罗劳斯(Philolans)②还说：“数是性质，对于一切可疑的东西，不可知的东西，给以知，引导它而且教诲它。假若没有数及其本质，任谁也不能丝毫明白物的自体，明白物和物的相互关系。数使万物适合于心，能够用知觉去认识万物。……这由于数划分诸物的各个比类，把种种无限界的东西和种种有限界的东西，类分出来的原故。”(费罗劳斯的片断第11)

他们那样从数的考察出发，说明着世界。在他们看来，数的

---

① 亚里士多德:《形而上学论》，第1卷，第5章。——原注

② 费罗劳斯(Philolans，约前474—?)：又译菲罗劳，古希腊哲学家，毕达哥拉斯学派代表之一。著有《论宇宙》、《巴卡伊》，其著作真伪及两书是否相同，尚有争议。今佚失，仅存23则残篇。——编者

系列，首先从偶数和奇数的对立而成。这时，“一”是根源数，它既是奇又是偶，是奇偶对立的出发点。偶数对于二分的演算，不给以限界，奇数恰相反，它给以限界，由是偶数和奇数一般地各被分配于“无限界者”和“有限界者”中。基于数的这一对立，便引出贯串世界的十个对立来。形式如下：

(一)限界——无限者。

(二)奇——偶(数的)。

(三)一——多。

(四)右——左。

(五)男——女。

(六)静——动。

(七)直——曲。

(八)光——暗。

(九)善——恶。

(十)正方形——矩形。

世界是从那样的对立来的。但是，这些对立，却合于生产的“一”，即合流于奇而偶的根源数，同样，世界全体的对立，也结合于一，即“秩序”。构成对立的纽结的就是调和。

照上面所说的看来，毕达哥拉哲学，有着下述的几个特征：第一，把世界根源的物质性，弄得稀薄化，拿抽象的数做根源。第二，与其说他们是辩证法的对立的哲学，不如说他们是“调和”的哲学。第三，尽管他们在数学、天文学、音乐理论上，有着功绩(特别有功于数学，揭示了数的平方关系，例如 $3^2+4^2=5^2$，几何学上有名的“毕达哥拉定理”)，可是没有一般自然科学的基础，仍是唯心论的宗教的东西。所有这些特征，根本关乎它是脱离“实践”的贵族主义哲学。

毕达哥拉及毕达哥拉学派，拿数学作基础、作出发点。可是这个数学，并不是经由自然科学的实证研究，结合了人类生产的实践活动的，可说是从音乐来的。据黑洛德士说：当时“克洛登的医生，有希腊的头等货之称”。[①] 其实，所谓克洛登的医术，结合着神论、宗教的占卜魔术。毕达哥拉及毕达哥拉学派的哲学，既然这样从获得了宗教的魔术意义的音乐出发，当然是替宗教筑基础而拥护宗教的贵族主义哲学。[②]

因此，毕达哥拉学派，后来和柏拉图的反动合流。

第四节 爱勒亚学派

爱勒亚学派，是从纪元前六世纪末，到[纪元前][③]五世纪初，在南意大利的爱勒亚起来的哲学派别，这派别先导者是克塞诺法内。

一、克塞诺法内

克塞诺法内的哲学，有着反宗教的内容，他对于毕达哥拉及毕达哥拉学派的宗教的神秘主义的哲学，恰是对立的立场。

克塞诺法内(Xenophanes)，在纪元前 570 年时，生于伊奥尼亚的科罗坊，他是波斯侵入后，从故乡逃出来的伊奥尼亚人群中的一个，经过极长的流浪生活后，到了老年时代，才定住于爱勒亚(南意浮开亚人的一个殖民都市)；纪元前 480 年时，死在那里。[④] 据说他非常贫穷，曾因为没有钱埋葬夭殇的子女，不能不亲手去动土。[⑤] 因为他不是贵族，生长在伊奥尼亚的自由启蒙的精神下，从长期周游的生活中，完全脱掉了古代的残渣，所以成

① “Geschichten des Herodotos”。——原注

② 格罗特：《希腊史》，第 4 卷，第 318—319 页。——原注

③ [ ]内字系编者所加。——编者

④ 作者原注：“25 岁开始游行，92 岁犹生存。”——编者

⑤ 黑格尔：《哲学史》，第 1 卷，第 1 部，第 1 章。——原注

立了他的宗教批判。

他批评当时氏族的民族宗教，批评神话的宗教，说道："赫西奥德和荷马，把一切连人类都看得可耻的事，不名誉的事，如窃盗、奸淫、互诈等，归到神的身上。""该死的人们，以为神也和自己一样地活着，有衣服、有声音、有姿态。"我们从这里，看出那把神认做人类自己以外的费尔巴哈唯物论的前导。克塞诺法内还说："伊奇奥匹亚人推想神是黑色，团鼻子，色雷斯人推想神是青眼，赤毛。"那末"假若牛和狮子，也和人类一样，有一对制造艺术品的手，他们或许会造出种种形象的神，酷肖它们自己的姿态"。

但是，克塞诺法内这一对于现存宗教批判，还没有达到无神论地彻底化。他承认作为"一者"看的"神"。他说："如果说神在，如果说是神，那就神祇不过是一者。……因为神的任何部分都同等，所以它具着球形。……神是永远，神是一者，且是球形，所以它既不是不可限定的东西，也不是可限定的东西。"就是说，神是自然，是物质，是"球形"。

克塞诺法内作为"一者"看的神，是物质的东西，关于这一点，就从他那属于米勒都斯派传统的唯物论自然哲学看，也可理解。他说："地生万物，万物复归于地。我们都从地生，同时从水生。因此，成长、发生的一切东西，只有地和水。"所以，黑格尔把他作为"一者"看的神这思想，比作那认为神即自然的"泛神论或斯宾诺查主义"[①]，倒是正确的。用费尔巴哈的话说，克塞诺法内的哲学，实是"颠倒了的无神论"。

二、帕美立德

克塞诺法内视为永远的"一者"这思想，在以帕美立德(Par-

① 黑格尔:《哲学史》，第1卷，第1部，第1章。——原注

menides)[①]为先驱的爱勒亚学派的哲学中，更加发展。爱勒亚学派是赫拉克里特辩证法的否定者。[②] 可是，经过这一否定、对抗，赫拉克里特的自然发生的辩证法的各要素，反被把握得更深化。这是由于把辩证法的各要素抽象了的原故。经过这种抽象，米勒都斯学派及赫拉克里特的具体运动的物质各要素，遂被明显地暴露出来。具体物须由抽象物作媒介，爱勒亚学派定立抽象的纯粹“有”，用以代替具体运动的物质。[③]

帕美立德在纪元前540年时（按：狄奥奇内·莱体奥说）或约纪元前515年时（按柏拉图的《对话篇》），出生于他的先师克塞诺法内最后定住地的爱勒亚，家庭是有声望的富豪。他自己是个曾经参加爱勒亚立法的政治家。

他的诗篇《真理与意见》尤近于斯宾诺查之唯实倾向。

他把克塞诺法内视为永远的“一者”，抽象化到纯粹的“有”。在克塞诺法内看来，“一者”并是有着具体性的存在者。他说：“‘一’者虽不运动，但也不是不运动者。”但是，帕美立德所说的“有”、“存在者”，是和“非有”对立的抽象的纯粹“有”，即存在的抽象。他指出知识的两条路，曾说：“一条是仅有着有，不会有着非有的路，这是确切的路，真理就在这条路上。另一条是没有着

---

① 帕美立德（Parmenides，约前515—约前445）：亦译巴门尼德，古希腊哲学家，爱勒亚学派的奠基人。主要著作有《论自然》。——编者

② 作者原注：“列宁谓Elea派虽有些错误，仍有其历史功绩。他们第一次试图揭露运动的矛盾，和提出了必须在逻辑概念上把握运动的问题（参见恩格斯《自然辩证法》）。形式逻辑不能把握运动。”——编者

③ 作者原注：“易：大全，大象（大象无形），大一，太一，太极。太极——阴阳（相互不离）统一⇄矛盾。唯物辩证法。帕美立德：大——The All One——真体。多、变——幻相、意见。由此生现象界唯心论。本质与现象分离相背，形式逻辑同一律之运用，非辩证的。反以辩证法证现象界之为幻相界。此为中西哲学异途之点。失之毫厘，差以千里。‘一’不矛盾的，‘多’、‘变’矛盾的。不矛盾的是真，矛盾的是幻。形式逻辑原理所推出之本体论（矛盾律同一律）。矛盾者于理不能成立，故为不真实的、不存在的。唯理主义唯心论之萌芽。”——编者

有，非有遂成为必然的路。我对你说，这条路是完全非理性的路。”[①]他还反对赫拉克里特及米勒都斯学派道：“他们和聋子或惊愕着的瞎子一样，又和狼狈着的浮浪者一样，弄得把有和非有认做同一，接着又认做不是同一”。

他把“有”的诸规定，指出如下：“(一)存在者就是不生不灭，就是永远。(二)存在者就是充实的、统一的、连续的、不可分的、均等的东西。[②] (三)存在者就是不动。(四)存在者，就是自己完了的东西，圆满的球体。[③]”他把具着这些规定的“有”，当做“根源”。他已经不是从特定的元素中去找“根源”，而是从这样的“有”、“存在者”中去找“根源”。这个“有”，显然是抽象的存在。但那却不是存在的观念的抽象，实是物质的东西。帕美立德的历史意义，就在于他把世界物质的统一性，表现于这样的“有”之中，由是把物质的存在上的“有”(存在)和“非有”(非存在、无)的范畴，弄明白了。[④]

三、芝　诺

巴氏之大全、大一，实即辩证的矛盾的统一体。A＝A 乃辩证的统一，非形式逻辑之空洞的抽象的同一。故在世俗界之判

---

① 作者原注：“帕氏云：‘我指示你那些条研究的道路是惟一可思议的路。一条路：即存在(有)是(实)的，而不可能不是的，这是理解的路(因它是顺着真理的)。另一条路，即那不存在(非有)的，即那必然不存在的，这条路(我告诉你)是完全不能研究的。因为那“不存在的”你既不能认知，也不能述说。你要把你的思想从这一条研究的道路拿开(远离)而不要让你被经验的习惯逼上这条道路，而仅仅把你的无目的的眼光，骚声的听觉，你的舌去在那里活动。否则，只有用理性才把纷争的疑难(测验)引到判决。你只有勇气走一条路……’(断片四)‘有’即被理解的，‘非有’即不能理解的。一个现时的‘全面联系的’对我是那‘有’，无论我从何处开始。因我又会回到那里去。”——编者

② 作者原注：“充实的大一，如白光内包涵各色，又真实即充实的空间性。”——编者

③ 作者原注：“圆的真理在世界的核心。”——编者

④ 作者原注：“逻辑的判断 A 即 B，则排斥了 c，d，e 等，局限了自己。至世界(大一，大全)则 A 即 A，世界就是世界，不可加以局限。”——编者

断 A=B,若一执着固定,陷于形式逻辑之同一律,即陷于矛盾。芝诺(Zenon)[①]由此展开辩证法,以破除世俗执一之见,完成其师"大全"之理。

帕美立德的学生芝诺,亚里士多德呼之为"辩证法的创案者"。黑格尔也说:"芝诺的本质在辩证法,辩证法实始于芝诺。但它的是消极辩证法。"

芝诺和他的先生一样,也是爱勒亚人,他在世期间为纪元前490年到[纪元前][②]430年。据格罗特说,他是一个对僭王斗争的政治活动家,"他的辩证法,与其说从哲学中来,不如说从政治中来"。[③] 据传说,他曾经拿生命向僭王博取过某都市的解放(僭王是反贵族专政的人民革命的独裁者)。事实是这样:他曾参加推翻僭王的阴谋,事被告密,僭王为了迫使被捕者自白,在万众前百方拷问他,要他说出国家敌人的姓名来。他先举出僭王的一切朋友的姓名,指为同党,再就指斥僭王本身是国家的蠡贼而就死。[④]

芝诺为了替他的先生帕美立德的"有"这学说作辩护,证实"有"的惟一不变性,曾作过有名的证明,他证明杂多不可能,一切运动不可能。结果,运动的矛盾遂被暴露,运动的辩证法遂被明了。

杂多的否定。[⑤] 据芝诺说,假若认为杂多(被限定了的一定的大小)存在,那它就陷于不能不既是**无限大**,又是无限小的矛

---

① 芝诺(Zenon Kitieus,约前336—前264):古希腊哲学家,斯多噶主义创始人。著作有《论法律》、《论整个世界》、《毕达哥拉斯学派问题》、《伦理学》等。——编者

② [ ]内字系编者所加。黑格尔:《哲学史》,第1卷,第1部,第1章。——编者

③ 格罗特:《希腊史》,第8卷,第141页。——原注

④ 黑格尔:《哲学史》,第1卷,第1部,第1章。——原注

⑤ 作者原注:"数园分别之为假立,非实在界所有在世俗界之一切判断,只为相对的假立,不可执为绝对立,执为绝对立,执着即陷于矛盾,如执一与多为绝对然。"——编者

盾中。因为它是可以无限地分割的，所以它的最后单位，就不能具有已经不可分割的大小。没有大小的东西的总计，纵然它的数是无限的，也不能不同是无限小。反过来，构成多的最后单位，它为要存在，就不能不具有何等的大小。但是，因为多的分割，可以无限地进行，单位与单位间布满无限单位，至于不止。所以单位的数是无限的，这具有大小量无限的总计，遂不能不是无限大。因此杂多这个假定，它自身便矛盾着。芝诺并把这一逻辑，适用到空间方面，否定了空间的实在性。(即："如此一物真为'一'，即自不可分割，即无空间，即无大小之量而不存在。""如以物真为'多'，则两物之间必真分离，其空隙中另物充塞，而此物内又为可分割之'多'，如是循环无已，遂至无量大之量之积。")(又以豆子单个下坠无声，集体[下坠][①]有声，证声之虚。)

运动的否定。芝诺又基于空间和时间的可分割性，用下面的方法来否定运动(关于芝诺否定运动的论据，亚里士多德曾举出 4 个，然而第 4 个不很重要，从略)。[②]

(一)据亚里士多德说，芝诺认为"运动没有具着何等真理，因为运动者在达到目标前，不能不达到空间的半分地方"。就是说，运动者不能不达到某种目标。这种运动场是全体，要通过全体，就要先通过半分。因此，定要先达到这半分的半分。这样，就是无涯际了。这里，表现着消极的无限性，黑格尔所说的"坏无限性"。[③]

(二)所谓"健足阿基烈(Achilles，希腊神话的一个善走勇士)"的证明。芝诺说："最迅捷者也决不会追上迟慢者。"(阿基

① 作者原注："一，多，若为名词假设则亦无妨，俗谛，世俗之真理。司马彪注《庄》：'若其可析，则常有两；苦其不可析，其一常在。"——编者

② 作者原注："Thomas Hecith《希腊数学史》云：'居今二千三百年后，芝诺理论之争辩，似仍未终止。'"——编者

③ 黑格尔：《哲学全书》，第 115 页。——原注

烈比龟快10倍)他的证明是:"追捕脱逃者的人,要达到脱逃者已在某种时间开始出发的那地点,他需要某种时间。"[①]这个时间中,脱逃者又在踏着新的地点,追捕者又要拿这个时间的几分之一去通过它。这样的关系,无限的进展着,所以最捷足的阿基烈,也不能追上最笨足的龟。(如龟先走1米达,阿基烈追到1米达时,在此时间,龟又前进$\frac{1}{10}$米达,如是之相差,永不能赶上。)[②]

(三)芝诺说:"飞驶着的箭,其实静止着。什么理由呢?因为运动者常在自同的此该,及自同的此处,就是说,常在不能区别的上面。"这就是说,从各个瞬间看,飞箭却在同一地位上静止着。(一尺长的箭,驶过一丈,每一秒停在其所站一空间)[③]

芝诺那样指出多的矛盾、运动的矛盾,相证明帕美立德的"有"的惟一不变性。他拿运动具有内在矛盾这理由,否定了运动。但是,恰如黑格尔所说,他却没有做到否定有着运动的这一件事。[④] 他所要说的,只是运动这观念,含有矛盾,可以不是真实的东西,因而"有"绝不属于运动。他想证明运动不是真实,因而反弄明白了如下的事实:运动的本质在于矛盾,物质是运动者,它自身具着辩证法。因此,从芝诺暴露了运动的内在矛盾、把运

---

① 作者原注:"此为无限分割性与有限大之诡辩。"——编者

② 同上。

③ 作者原注:"公孙龙:'有影不移。飞鸟之影,未尝动也。''轮不辗地。''镞矢之疾,而有不行不止之时。''一尺之棰,日取其半,万世不尽。'(不行不止之时,物在运动中的每一瞬间都存在空间的特定的位置上。而在这一瞬间可说是停在这位置上。故全程的运动是无数静止的总合、矛盾。)(飞鸟之影在地上实为先后投下之无数影片之积而幻现移动之象。吾人所见万物之动象亦犹是。故柏格森有影片机之喻。)《墨经·经说下》云:'景不从,说在改为',即不断之更易。并非影之徙动。又《墨经·经下》云:'景光至景亡若在,尽古息!此言前一刹那投下之影片,同光至而隐没,并非向前飞移,设若存在,不因光至而亡,则会永久息在原处不动(静止)。此证飞鸟影之移乃假象也。"——编者

④ 黑格尔:《哲学史》,第1卷,第1部,第1章。——原注

动自身的矛盾开始暴露的这点看，难怪黑格尔呼他为“客观辩证法的真正开山祖”。[①]

自然，芝诺为要否定多及运动而作成的诸命题，具有抽象形而上学的性质，但是，暴露物质运动的内在矛盾，揭示辩证法各个要素，一和多、连续性和不连续性、无限性和有限性等范畴，却是他的功绩。不过，同时我们也得注意：他不能把辩证法作为存在的法则去抓住，因而不能真正解决矛盾的诸问题，简直把感性和理性隔开，把全体感觉世界规定为不真，想因此找出活路来。芝诺及爱勒亚学派说：“感性的世界，有着无限的多种形态，它自身不外是现象，并没有具着何等真理。”像他这样抽象地隔开感性和理性，便是唯心论的准备。

爱勒亚[学派][②]最后代表者麦立索(Melissoe)是萨莫士岛人，关于他的一生，不很知道。

据亚里士多德说，他的思想和帕美立德同，不过把帕美立德的“一者”，解做物质了。可是，这个“一者”，原来就是物质的东西。[③]

第五节 恩白多克列 阿那克沙哥拉 吕基泼[④]

米勒都斯学派的唯物论，结合着自然科学的研究，恩白多克列和阿那克沙哥拉，站在这一唯物论传统精神下，想把爱勒亚学派的“有”和赫拉克里特的“运动(转变)”这两个对立要素，综合

① 黑格尔：《哲学史》，第1卷，第1部，第1章。——原注

② [ ]内字系编者所加。——编者

③ 作者原注：“麦氏又化‘一’为无限的物质。亚里士多德在《形上学》中云：帕美立德之理解‘大一’是逻辑的理解，麦则为物质的。”——编者

④ 吕基泼(Leucippos，约前500—约前440)：通译留基伯，古希腊唯物主义哲学家，原子论的创始人。相传著有《大组织》、《论理性》两本书。——编者

起来，替爱勒亚学派和赫拉克里特间作沟通的媒介。不消说，这两个对立要素的综合，是在古代的限制下做的。恩白多克列和阿那克沙哥拉由于这种努力，便开辟了一条直接走到完成古代唯物论的德谟克里特去的道路。[①]

一般地说，纪元前五世纪，是雅典、西西里及其他地方的德谟克拉西的第一世纪。在这一时代中，希腊诸都市间的政治关系，日益紧密化，经济的政治的活动，非常活泼。[②] 那是雅典已由农业共产社会发展到商工业国家（当然是奴隶制的），形成了世界贸易的中心地，东西两洋的联络点。恩白多克列、阿那克沙哥拉、吕基泼、德谟克里特，所有这些人的唯物论自然哲学，成长在以雅典为中心的希腊诸都市的经济繁荣上，而这经济繁荣的基础，却是奴隶制度。商业资本的发展，替德谟克拉西、个人主义，开辟了道路。生产力的急速发达，技术及科学的发达，引起人们非常需要能够满足技术水准、经济水准、政治及文化水准的精神劳动。人们对于宇宙法则的自然说明，要求得非常迫切，机械地合法则地说明世界这工作，遂从宗教的神话的诸观念中解放出来。

---

① 作者原注："恩氏年岁幼于阿氏，但其著作则较早，如亚里士多德所言。而其内容、性质亦应如此分先后。恩氏仍为旧哲学家典型之综合。彼为一奇迹造作者，忏悔的教士，在神秘空气中如 Orphyis 教，而又为技术实践家、设计者，如泰利士，为自然神秘家，如一切 Lonim 哲人，为一被神话包围的先知，如毕达哥拉人欲把他列人弟子中，而他确曾对之致敬。为游行的诗人，如克散莱风利士，他则创造宇宙史诗，如帕美立德，且模仿之。人亦曾又列之人弟子。他自负自尊，如赫拉克里特，有国王之自尊心而拒绝其族人王位。他穿金钱镶边之紫衣，披长发，戴花环冠，足上挂响声的金环。随行者甚众。被人众奉之如一神。他以术驱疫，止风，以音乐制止之疯狂者之杀害，一死人三日后使之回生，他自己终于如一火光升天，或传跳人 Aetna 火山口中，而此人却为化学之奠基者，[前]第五世纪启蒙之开创者。"——编者

② 格罗特：《希腊史》，第 8 卷，第 139 页。——原注

一、恩白多克列

恩白多克列(Empedoclēs),生[活][1]于纪元前 483(2)—[纪元前][2]424(3)年。他的家庭是阿葛利金特(南意大利)的名门,该地是当时在繁荣尖顶上的叙里亚的商业都市。他自己是一个德谟克拉西的勇敢战士。[3] 他曾竭力从事于粉碎僭王政治复兴的阴谋,打倒掌握主权的贵族元老会,树立完全民主主义的政治。他又是有名的演说家、诗人、技师、医生。亚里士多德称赞他是个"修辞学的创始者"。

他的哲学,重视自然观察,他说:"把一切东西,都在其明白范围内,用全力去观察。"他站在自然观察的立场上,把爱勒亚学派的"有"和运动、生灭的现象,结合起来。在否定物质由无而生,死而复归于无的一点上,他和爱勒亚学派相同,但同时,他却承认物质的发展及运动(被赫拉克里特高扬的东西),第一,放弃爱勒亚学派的物质惟一性,拿"地、水、火、空气"这四"根"作根柢,放弃爱勒亚学派的物质惟一性;第二,设想爱憎两动力,放弃爱勒亚学派的不动性。这表现恩白多克列实是爱勒亚学派(有)和赫拉克里特(生长、转变)间的机械的综合。

他认为这四个元素,是四个永远不生不灭的"万物之根",就是"根源"。他是最先拿复元素作"根源"的人。他说,地、水、火、空气四元素,由于从爱和憎的活动来的"混合"和"分离",获得运动性。现象世界的物质生灭,不外乎是这四元素的"混合"和"分离"。

恩白多克列,用神话把这四元素人格化,呼火为兆斯(Zeus),呼水为莱司提(Nestis),呼空气为爱得内乌(Aidoneus),

---

① [ ]内字系编者所加。——编者

② [ ]内字系编者所加。——编者

③ 格罗特:《希腊史》,第 8 卷,第 141 页。——原注

呼地为赫烈(Hera)。[1] 但是,实际上,他却说:“神并没有从背中生出两腕来,也没有脚,也没有敏捷的膝,也没有生殖器官,他是个球形,从各方面看都均等。”这明示了他自己反宗教的唯物论[2]立场。不仅他的四元素是物质,并且连“爱”“憎”这两个力,也是物质。他说:“火、水、地、远在高处的空气。此外,和它们等重的可怕的憎,介于它们中间而和它们等长等宽的爱。”

他并且是泰勒士以后,把认识问题作理论处理的最先一人,他的认识论,还是唯物论的东西。他把一方面对象物的小片,和他方面接受这对象物的感觉器官的小片,区别为二。他说:“我们拿地认识地,拿水认识水”,又说:“人类的见识,因存在着的物质而增加。”这虽是原始的认识,却意味着模写说的唯物论。“拿地认识地,拿水认识水”的命题,就是把“认识是存在的模写”这件事,作了原始的表现。——可以这样解释。[3]

他又把他的唯物论原理,适用到有机生命的发展方面,表现了一种进化论的思想。他认为生物中最初发生的是植物,它在世界还没有完成以前,即已产生。次于植物发生的是动物。动物和植物之间,有着一定类同的关联。他说:“毛发和木叶和鸟的密生着的羽毛,是一个东西。”[4]

二、阿那克沙哥拉

阿那克沙哥拉(Anaxagoras)生于纪元前 500 年时,家庭是名门,住在小亚细亚的史苗纳附近库拿佐美莱。他是移植哲学

---

① “放光亮的 Zeus,生长生命的 Hera。莱司提的泪水是生物的活命之泉。”——原注

② 作者原稿为“唯他论”,现据上下文意径改。——编者

③ 作者原注:“物表上的小空洞接受外来的放射的小片,同性质相吸,否则相拒。如眼中之水的分子吸水,火的分子吸火。他的同感论与阿拉沙之分析论相对立。”——编者

④ 作者原注:“思想之器为心为血。”——编者

于雅典的最先一人。他在纪元前461年，移住于雅典，在雅典留了三十年，和悲剧诗人幼里披底(Eurides)及政治家伯里克勒(Pericles)结为朋友，献身于学问的研究。后被伯里克勒的仇家告发，说他主张无神，否认国家一切神，终于不得不离开雅典，迁居于小亚细亚的兰浦沙科(Lampsacos)，纪元前428年死在那里。他是哲学家，同时又是物理学家、化学家、天文学家、数学家。[①]

阿那克沙哥拉，承认爱勒亚学派所主张的存在的永远不变性，而否认其惟一性。这一点和恩白多克列一致。但同时，他却不以四个元素为然，主张无限的元素，又和恩白多克列有别。他把这无限的元素，呼做万物的“种子”。他说：“希腊人所想定的发生和消灭，并不正确。什么理由呢？因为物不是发生、消灭的，实际上，既存诸物，因混合而合一，因分离而复分解为诸物。所以，如果呼发生为混合，呼消灭为分离，那就希腊人称呼的或许正确了。”“全体既不增加，也不消灭，……一切常是同一。”

这么无限多的“种子”，当初便在一切东西(如肉、金、花)中，以无限小的成分存在着。它们用极精微的方法，分布在全体世界中，因形、色、味而互相区别。同质的小片相结合，异质的小片相反拨。一切由一切所合成，一切参加着一切。同质的小片，亚里士多德称之为“同等部分所组成者”。据亚里士多德说：“阿那克沙哥拉，主张原素[②]在数上无限的。照他的话看来，像恩白多克列的水或火一样，大凡一切由同等部分组成的东西，仅有集合的生，分离的灭，并没有其他意义的生灭，同等部分是永远存续的。”[③]阿那克沙哥拉认为从来没有任何东西由无中生出。如果

① 作者原注：“冷酷无笑容的哲学家，思想之器为脑。”——编者

② 作者原稿为“主张原理”，现按文意径改。——编者

③ 亚里士多德：《形而上学论》，第1卷，第3章。——原注

说树由水所育成，那就水中潜伏着树干、树皮、果实等等。因此，他说："一切东西被包含于一切东西中"，"一切东西中有一切东西部分。就是说，每个东西都含有其他一切东西，水、空气、骨、植物等等；相反地，水也含有肉、骨等等。"黑格尔说：阿那克沙哥拉的这种说法，和近代化学所考察的一样。①

阿那克沙哥拉的无限多的"种子"，是永远存续的东西，是自身没有运动的东西。那末，如何使它得到运动呢？他说："一切东西，同时存在，静守着无的时间，于是精神出现，精神带来运动，拨开混沌，由于同等部分的结合，这被区别了的形体，遂获得秩序。"这个精神，相当于恩白多克列的能动者"爱"和"憎"，"它是无限的、自主的、不同任何东西混合的、独存的、自立的"。精神是具着目的性的形成力，它的本质在于知性上，这点和恩白多克列的能动者不同。因此，阿那克沙哥拉的精神说，正和亚里士多德所重视的一样，带有目的论的性质。

然而这个精神，并不是纯粹的精神，它在一切东西中，固然是"最精微而且纯粹的东西"，但仍属于物质的东西。因此，亚里士多德非难他，说他仅仅利用精神塞漏洞，使自己"便于机械地说明世界的创造"。② 苏格拉底也叹息从他的著作中，看见的"不是他自己期望着的目的论，只是机械的世界说明"③。

事实上，他的唯物论是说明着世界生成。他认为起首的混沌状态，因精神使物质的某点上生出漩动而终结。漩动的结果，物质分离，首先生出轻明的精气和浓暗的气体，再由浓暗的气体，生出地球，和被认做赤热石块的别的天体来。起首处于泥泞状的地，因空气及精气所降落的胚种而受胎，生物由是而生。因

① 黑格尔：《哲学史》，第1卷，第1部，第1章。——原注
② 亚里士多德：《形而上学论》，第1卷，第4章。——原注
③ 柏拉图：《对话篇·法伊吞》。——原注

此，我们在他的这一唯物的说明中，同时还要注意他的“精神”的精神化倾向。

要之，阿那克沙哥拉由于把恩白多克列的四元素，解做无数“种子”的合成，遂使恩白多克列的唯物论，进一步地向德谟克里特原子论的唯物论去发展了。他的“种子”，是被从质的方面区别了的无数的物质单位，就这一点说，他的哲学可称为“质的原子论”。这是达到德谟克里特原子论的过渡。

上述内容可用简明图表，说明如下：[①]

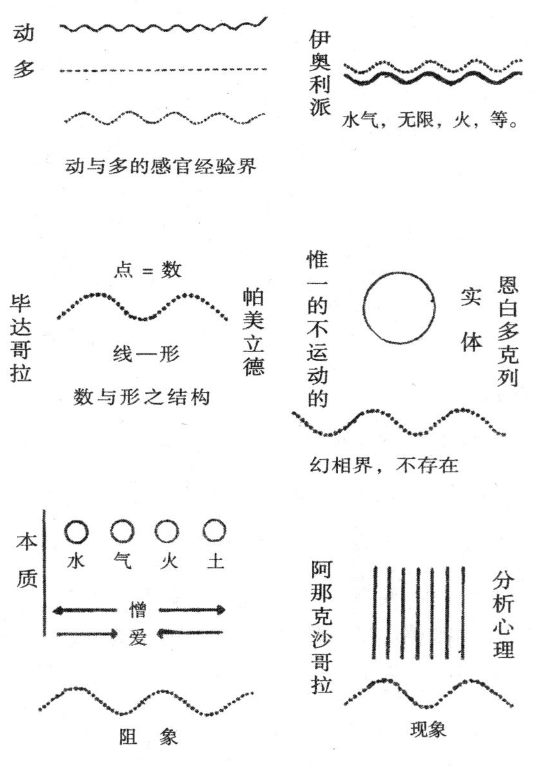

① 本图表原散置于本节多页手稿上。——编者

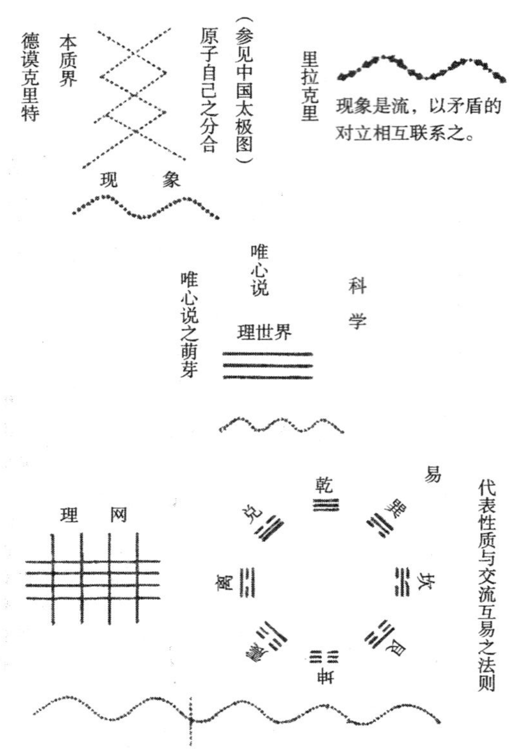

三、吕基泼

亚里士多德在所著《形而上学论》中，曾说及德谟克里特的先达和朋友吕基泼（Leucippos）。[①] 但是，除此以外，便不知道他的任何确实情形。黑格尔道："吕基泼的生平，一向不详，他是何处人都不明白。"[②]伊壁鸠鲁且怀疑是否有过他这一个人。我们现在只能说他是德谟克里特的朋友。他的学说，已由德谟克里特承继下来，发展起来了。

① 亚里士多德：《形而上学论》，第 1 卷，第 4 章。——原注

② 黑格尔：《哲学史》，第 1 卷，第 1 部，第 1 章。——原注

第六节 德谟克里特

一、作为德谟克拉西思想家的德谟克里特

把恩白多克列、阿那克沙哥拉所准备的原子论的唯物论，确立起来加以完成的人，就是德谟克里特（Democritos）。他是古代唯物论的完成者，他的唯物论体系，和柏拉图的唯心论，尖锐地对立着。

德谟克里特的出生期，约在纪元前 480 年到[纪元前][①]460 年之间，他出生的地方是亚布吉拉，这是伊奥尼亚的殖民者在色雷斯所开辟的商业都市。当时亚布吉拉，已经非常富裕，德谟克里特就生在这富裕都市的富商家，巨大的财产，费在他五年的东洋旅行上。他自己说："我漫游的地方之广大，在和我同时代的人们中，要算第一个。那时，曾作极广泛的研究，看见很多土地和国家，听见很多学者的言论。"他在这一研究旅行后，回到家乡过学者[②]生活，特别献身于数学的自然科学的研究，死于纪元前 370 年。

他特别优长于自然科学的数学的研究，这点对他确立唯物论有深刻的关系。可是他的知识并不限于这个。用他自己的话说："当阿那克沙哥拉已老，年龄还轻"的他，除吕基泼的学说外，已懂得毕达哥拉学派、爱勒亚学派、恩白多克列、阿那克沙哥拉的学说，并懂得后期索非斯特派的诸说。他有非常丰富的知识，据古人说，他的著书实达于六十种，简直普遍了该时代的整个知识领域，如物理学、数学、医学、政治学，无所不包，并含有关于音乐、绘画、农业、文法、战术的研究。他的论敌亚里士多德，常拿尊敬的态度论及他。

---

① [ ]内字系编者所加。——编者

② 作者原稿为"学生"，现据上下文意径改。——编者

德谟克里特原有自由人的观念，且有主张撤除国家墙壁的哲学见解。他和贵族主义尖锐地对立，热心拥护德谟克拉西的一个指导的思想家。他说："与其沉溺于依附贵族的富裕中，我情愿在民众国家内，过贫穷的自由生活。"同时，他又是反国家主义的世界主义者。他说："哲学家无论在哪一块土地上，都能生活。有为的人物，以全世界为祖国。"

德谟克里特是古代希腊商业资本反对地主贵族的思想家，这事实已够说明他的反贵族主义的民主主义、反国家主义的世界主义及其自由主义。个人主义、自由主义，是古代希腊生产发展的产物；反国家主义的世界主义，是商品生产及海外交通发达而和别的民族紧密接触的必然结果。因为生产发达，经济政治的活动便一般地活泼化，这上面必然成长着民主主义。这一经济繁荣和政治活动的旺盛，给了纪元前五世纪以特征，同时，自然科学的发达，唯物论的世界观的发展，它们的物质基础也在这点上。古代唯物论在德谟克里特手中的完成及其和反动唯心论的对立，实由德谟克里特哲学是商工业的奴隶主对地主贵族斗争中的哲学这点规定了的。

二、古代唯物论在德谟克里特手中的完成

德谟克里特确立并完成了原子论的唯物论。他的原子论的唯物论中，综合了从来希腊哲学的整个发展。如：(一)运动的物质(米勒都斯学派及赫拉克里特)，(二)量的方法和合法则性的原理(毕达哥拉哲学的合理核心)，(三)世界的物质统一性及不变性和现象世界的感性的多样性及可变性的矛盾问题(爱勒亚学派所揭示的矛盾问题)，所有这些要素，都被德谟克里特在伊奥尼亚哲学的唯物论传统下，综合起来了。固然，恩白多克列和阿那克沙哥拉，曾经企图把"有"(爱勒亚学派)和运动(赫拉克里特)结合起来，可是那种结合、综合，并不充分，因而他们没有能够确立原子论的唯物论。德谟克里特才完成了这一工作。固然他完成的还是机械论的唯物论。[①]

尽管德谟克里特手中的存在和行动,有和非有等等的统一,是那样机械的事情,尽管他的唯物论,是机械论的原子论的唯物论,可是他的唯物论,在古代世界,确是最严密的唯物论,它做了近代物理学的基础。德谟克里特的原子论,在认识被古代的条件限制下,是最彻底唯物论、无神论,从这点上可以看出它的特征。德谟克里特大大的嘲笑阿那克沙哥拉的"精神"的目的论学说,据他看来,世界是由无限多数的实体成立的。万有分为无限微小的小物体,这些小物体,已不是感官所能知觉了。因为它们已经小到不能再分割的程度,所以叫做"原子"。他认为除了"原子"和空虚的空间外,什么都不存在。古代世界从德谟克里特这一"原子"说中,完成了唯物论思想的定式化,理解一切不同于具体物的同质的物质,达到物质的抽象概念。于是,恩白多克列和阿那克沙哥拉,曾从质的方面区别出来之物质单位的"根"或"种子"的根本源性,成了废物,同时,那种说"爱、僧"或"精神"被运动最初冲击的假定,也无用了。于是原子自己运动的概念,物质自己运动的概念,开始确立起来。这是德谟克里特唯物论的功绩。[②]

德谟克里特说:基于因果的必然性而自己运动的"原子"世界,"任何东西都不偶然发生","偶然是人们掩饰自己的无智而造出的假象"。这就排除了任何的偶然,[③]并排除了所谓站在世

---

① "德氏将帕美立德之'大一'打破为无数不再可破的极小原子。此原子似是有形相的。似一希腊雕刻家破开大块云石雕刻众形。引空间入于大石块以成众象。此一表面摩登思想家仍为希腊艺术家。"——原注

② "帕美立德所谓思想的对象,由大一退于小一。(两者都是内部充实,不容有空虚。)""空虚入于大一,使质点松动了,有了运动的地盘与可能性。"——原注

③ "'无偶然'为与辩证唯物论不同之点。"——原注

界的背后，而用意识的目的来活动的一切神。他的这种唯物论的无神论的哲学基础，概括在下面的诸命题中：

（一）“什么都不从无中生出，存在的任何东西都不会消灭，一切的变化，只不过是各部分的结合及分离。”[①]

这一命题，已经含有近代物理学的两大命题——“物质不灭”，“势力保存”。这一命题，虽也曾做恩白多克列及阿那克沙哥拉的出发点，可是到了德谟克里特手中，这思想才拿明了的形式表现出来，构成严密的机械的世界观的基础。[②]

（二）“任何都不偶然发生，可说一切东西都有它的根据而且有它的必然性。”[③]

这里“根据”的范畴，因果性、必然性的概念，被弄得明明白白，归到唯物论的无神论的结论。

（三）“除原子和空虚的空间外，什么都不存在，其他一切都是意见。”[④]

德谟克里特又说：“真实地存在的东西，就是原子和空虚”[⑤]，“无和有一样地存在”。他从这个有和无、原子和空虚中，说明了运动和变化，在德谟克里特的这个物看来，空虚构成物质运动的条件。黑格尔认为从德谟克里特“空虚”中，看出了辩证法的重要契机——反驳、否定的原理在萌芽。他说：“这个空虚，就是和肯定物对抗的否定物，也就是原子运动的原理。”[⑥]这里，基于上述（二）的根据原理，因果的必然性原理，从原子和空虚、有和无

---

① 朗格：《唯物论史》，第10版，第12页。——原注

② “Leucippos坚持‘空’之为实在，如原子一样。Burnet详曰：‘一种值得注意的事，即原子论者，通常认为古代最大的唯物论者，实际上是首先明白清楚地说出一个东西可以实在存在，而不必是一个物体。’”——原注

③ 同上。

④ 同上。

⑤ “忘了‘无’‘空虚’中之矛盾性，辩证法。”——原注

⑥ 黑格尔：《哲学史》，第1卷，第1部，第1章。——原注

中，引出原子的自己运动来了。德谟克里特，是把物质自己运动的概念提示出来的最先一人。

虽是这样，有和非有（无）的统一，在他手中还只是机械的统一，不是辩证法的统一。他把有和没有现实运动的非有（空虚），机械地结合起来，不能把“非有”作为事物的转化、运动的辩证法契机去理解。

（四）“原子在数上是无限的，有着无限不同的形状。在经过无限的空间而无限的降落的运动中，较速落下的较大原子，和较小的原子冲突。由此成立的侧面运动和漩动就是世界形成的开端。无数的世界，反复于生灭中。”①

（五）“一切事物的差异，由其原子的数、大小、形状及顺序的差异而来。原子没有质的差异，也没有任何‘内的状态’。”②

（六）“是灵魂由火一样的精微圆滑的原子所构成。这样的原子，最易于运动，因着它的运动遍于全身体，于是发生生命现象。”③

这里所谓灵魂，据德谟克里特说，实是“特殊的物质”。唯物论的认识论第一个根本命题，就是把意识（精神）看做被特殊组织了的物质，德谟克里特的对于灵魂的解释，正是这第一个根本命题的原始表现。他又认为知觉发生于从物中来的流出物（像），因着这流出物适合于它而产生。唯物论的认识第二个根本命题，把意识看做存在的模写，德谟克里特对于知觉的解释，正是第二个根本命题的原始表现。我们从这里，看出唯物论的认识论在德谟克里特手中，虽说还是原始的形式，可是却达于确立了。

---

① 朗格：《唯物论史》，第 10 版，第 16 页。——原注

② 同上，第 18 页。——原注

③ 同上，第 19 页。——原注

因此，德谟克里特的哲学，就是古代世界的唯物论之完成。它把作为科学世界观的近代唯物论之一切伟大根本命题，在其萌芽上包含着。也正因为它是在其萌芽上包含着它们，所以它自身决不是彻底完成了的唯物论，而是机械论的唯物论。它上面，对于物质的质和量的辩证法关系，对于必然性和偶然性的统一关系，对于物质运动的辩证法法则，都没有正确地把握住。原子这东西，虽然德谟克里特说它是“真正实在者”，然而这“真正实在者”的规定，还是很抽象。就是说，他没有正确地把握现象和本质的辩证法统一，把“真正实在者”抽象化了。所以，德谟克里特的唯物论中，还有唯心论的插足余地。他说，“我们对于真实，什么都不知道”，“人和‘真实’隔离得很远”，“真理在‘深邃地方’隐藏着”。

从这里，我们看出德谟克里特哲学（认识）的古代限制来。不能超越这一古代的限制，定要在机械唯物论中绕圈子，这是德谟克里特及其时代的命运注定了的。

可是另一方面，他的哲学却站在古代唯物论发展的最高峰，是古代哲学的最大的成果，这一点我们应该充分注意到。黑格尔在其《哲学史》的第378—380页，通体都把德谟克里特“完全继子般地”看待。[①] 其实，德谟克里特在古代是有最高地位的伟大哲学家，可说亚里士多德的知识，大部分得益于研究他的著作。事实上亚里士多德不提德谟克里特的姓名，径自借用他的语句之处，不知有多少。据说唯心论者“柏拉图，曾梦想购集德谟克里特的一切著书，把它焚毁”。[②] 就从这一点看，也够知道德谟克里特的伟大。却可惜他从来没有获得多的相当地位的评

---

① 作者原注：“列宁在《黑格尔〈哲学史讲演录〉》一书摘要中说：‘黑格尔完全象后母（原译者注：这里俄文版用的是：stiefm ütterlich）对待德谟克里特……！’”参见《哲学笔记》，第294页，人民出版社1970年版。——编者

② 余柏威：《哲学史的基础》，第73页。——原注

价。所以朗格说："古代伟大人物中，没有一个像德谟克里特那样，受着历史的虐待。"①

一般地说，这是由于后来唯心论反动的兴起，哲学一般地移向唯心论，不能不长期地忘却德谟克里特唯物论原故。他的哲学，自从古代末期，由伊壁鸠鲁及鲁克黎杜把他复活了一时之后，在整个中世纪内完全被遗弃。从德谟克里特的时代起，二千年以后，因着自然科学渐渐勃兴，才由培根②和加山第③，把他从遗忘中拯拔到光明的地方来。

① 朗格：《唯物论史》，第10版，第9页。——原注

② 培根(Francis Bacon，1561—1626)：英国哲学家，英国唯物主义和现代实验科学的始祖。主要著作有《论说文集》、《论事物的本性》、《学术的进展》、《新工具》、《新大西岛》等。——编者

③ 加山第(Pierre Gassendi，1592—1655年)：亦译伽桑狄、伽森狄，法国哲学家、物理学家、天文学家。主要著作有《对亚里士多德的异议》、《对笛卡儿"沉思"的诘难》、《形而上学的探讨》、《哲学体系》、《伊壁鸠鲁的哲学体系》等。——编者

第三章 第二期
——唯心论对于唯物论的斗争及唯心论的反动

第一节 索非斯特派

“索非斯特(Sophistni)”(即所谓诡辩派),是纪元前五世纪以雅典为中心的德谟克拉西繁荣的产物。当时古代哲学的中心,已随“索非斯特”西移到雅典。“索非斯特”的发生,形成古代哲学转向第二期的过渡期。据茨鸠笛德说,配立克勃曾说雅典是希腊的“教养学校”。我们以“配立克勃时代”这名称下知道的希腊文化的美丽之花,实是这时代的德谟克拉西的产物。

自从波斯战争以后,希腊的生活,尤其处于希腊文化、政治中心地位的雅典生活,达到了一个强有力的飞跃发展,哲学也被卷入这飞跃发展的漩流中了。索非斯特就是成立于这一经济繁荣上的德谟克拉西思想家,肩负着胜利的德谟克拉西所要求的教养。当希腊文化的最高峰期,民主政治的极致配立克勃时代,因着奴隶制度的发展,雅典市民经济、政治的活动,非常活泼,一般市民要求理论教养和演说熟练(雄辩术、修辞学)的热度很高,于是“索非斯特”适应这种要求而出现,担任供给市民以实际生活所必要的知识,即担任市民教育。他们是从市民想获得政治经济知识的实际要求中起来的职业教育家、教员、德谟克拉西的启蒙者。他们想把雅典及其他都市的青年,教育得具有“对于公共事项的正确思考、舌辩、行为”,从甲街走到乙街,并不选择听众对象,向着一切市民,以报酬为交换,教以雄辩术、实践的处世训及政治学哲学等等，实是把该时代的学问知识，通俗化地传播出来的启蒙家。这里，我们除要注目于担负启蒙运动的“索非斯特”的实际性外，并要注意于其文化作用的重要性。

“索非斯特”长期间仅被认做道德的堕落者，三百个代言的诡辩家，同时“索非斯特”这一语，也在诡辩的意义下，被使用为称呼这派人物的代名词。然而这是误解。这种误解的起源，全是由于他们的哲学敌对者苏格拉底、柏拉图、亚里士多德及喜剧诗人亚里士特芬[①]等贵族的反动思想家，制造成功的恶意说明。黑格尔和格罗特，却把“索非斯特”从这种误解中解放出来，替他们辟了一条获得比较正当评价的道路[②]。原来，“索非斯特”这一语，在希腊语原为 Sophistni，是贤者、智者的意义，指超类拔群的大人物而言。因此，不仅索伦和毕达哥拉曾享受过这个称呼，克塞诺法内还这样称呼过苏格拉底和安提史克内。伊苏格拉底(纪元前五世纪的雅典雄辩家)并这样称呼过柏拉图。这一语到了纪元前五世纪的中叶(毕达哥拉以后)，且用以称呼收受报酬的哲学教师。

黑格尔说：“索非斯特，是在希腊普及着教养的希腊教师，他们代替诗作者和诗吟者来出现。他们才是古时的一般教育家。宗教并不要教师，宗教中，没有过任何教授。僧侣们捧牺牲，供神论，他们是神托和卜者，解释箴言而已，可是这并不是讲学。……当时的希腊人，已经不能不发生一种反省的要求，要由思维决定诸关系，不单由神托、风习、感情、当场的感触来决定。国家的目的，是由这下面去抓住特殊者的普遍者，索非斯特传播了这

---

① 亚里士特芬(Aristophanes，约前 446—前 385)：亦译阿里斯托芬，古希腊早期喜剧代表作家。相传写过喜剧 44 部，现存《阿卡奈人》、《骑士》、《和平》、《蛙》、《财神》等 11 部。——编者

② 黑格尔：《哲学史》2、5、5—10，参看格罗特：《希腊史》，第 8 卷，第 151—204 页。——原注

种教养。他们把教授学问当做职业，营业着，循回于各街市，教育青年们。”①

格罗特：“索非斯特这一语，在其纯粹意义上说，那是贤者，是某种知识和才能，优秀冠于民众的贤者。”②据他的研究，纪元前450年后，这一语已被用于特殊的意义上，对收受报酬的教师(Paid teachers)这样称呼。他说：“他们以报酬为交换去教授，其中最优秀的份子仅教富人，因此赚了大钱。”③

然则作为职业的教师——同时启蒙者——来出现的索非斯特，他们的产生，究意意味着什么呢？当时商品的发展，人们相互间自由交换的发展，货币经济的发展，奴隶制度的存在，所有这些，引起了德谟克拉西的繁荣，索非斯特的产生，正意味着这一德谟克拉西的繁荣。那时古代社会的生产力达于绝顶，数学、自然科学，成为个别的科学而和哲学分开了。例如后期毕达哥拉学派对于数学的个别研究，喜帕卡士对于天文学的研究，希波克拉底对于医学的研究等等。于是各种旧的社会制度、传统的风尚、宗教的习惯、历来的道德、法律等等，根本动摇起来。这种状态中，表现了德谟克拉西和贵族反动之尖锐的斗争，因此，这充任德谟克拉西的思想家，充任商业资本思想家的索非斯特的优秀代表者们，当然是个人主义者、自由主义者、无神论者。相反地，贵族的反动哲学家苏格拉底、柏拉图，又当然是宗教的哲学拥护者。

当时商业资本、市民和地主贵族间的剧烈对立、斗争，在贵族的反动思想家亚里士特芬喜剧的妇女集会及柏拉图的共和国中，反映得最为明显。亚里士特芬从贵族的国家主义的立场出

---

① 黑格尔：《哲学史》，259页。——原注

② 格罗特：《希腊史》，第3卷，第151页。——原注

③ 同上，第153页。——原注

发，嘲骂德谟克拉西。然而这里重要的是：尽管雅典贵族那样反对德谟克拉西，和德谟克拉西作激烈的斗争，可是希腊社会却不能不在这一斗争中间凋落下来。经过阿提加同盟和配罗本索同盟的 27 年（纪元前 431—[纪元前][1]404 年）的内讧后，雅典社会的动摇，遂更加深刻起来。

哲学在索非斯特手中，已要离开实证的自然科学的研究，我们从这中间，可以看见该时代的限制——生产力的发展到了尽头。雅典德谟克拉西，由于它自己的内部矛盾，不能不陷于灭亡，同时，索非斯特的哲学也随之而亡。雅典德谟克拉西的繁荣时代，同时也就是希腊奴隶社会的内在诸矛盾的激化，推动全希腊社会崩溃的准备时代。雅典德谟克拉西的物质基础，就是大规模地对于广大奴隶群众的剥取。当雅典的最盛时期，全部自由民，连妇孺在内约 9 万人，反之男女奴隶便有 96 万人，并有被保护的无权人民（外国人及被解放的奴隶）4 万 5 千人。[2] 立脚在这一巨大奴隶劳动的基础上，并具压迫，剥削其他希腊世界的雅典德谟克拉西，很快的因着经济构造的内在矛盾，不能不没落。雅典德谟克拉西所由诞生的商品生产的发达，现在因着奴隶制社会的内在矛盾加深，反而促使雅典德谟克拉西崩溃了。

同时，索非斯特也灭亡。它的灭亡，倒不是因为了柏拉图唯心论的攻击，实如麦林所说："因为雅典德谟克拉西灭亡了，所以索非斯特的哲学也灭亡。"[3]因此，我们复从后期索非斯特中，看见希腊社会凋零的反映，就是说，他们的理论堕落，光靠诡辩。

一、普洛塔哥拉

普洛塔哥拉（Protagoras），是索非斯特最初的代表者，民主

① [ ]内字系编者所加。——编者

② 恩格斯：《家庭、私有制和国家的起源》，第 109 页。——原注

③ 麦林：《哲学史》，533 页。——原注

主义的伟大启蒙家。他在纪元前480年,生于和德谟克里特同乡土的亚布吉拉。30岁以后,为了要把自己的学说,普及于广大范围,过着游历生活,屡次来雅典作长期的游历。关于他的为人,苏格拉底曾说:"因为他的智慧,我们曾把他当天神般赞美。"①相传他在纪元前411年(或415年),被人拿无神的罪名告发,受了刑的宣告,旋因逃往西西里,溺死于途中。他的著书,由政府命令在雅典市场焚毁,其中有一种名为《投弃者》,标题很有战斗性。

他提倡相对主义。他的有名的根本命题说:"人,正是万物的尺度,对于有就说有,对于无就说无。"他的思想还是无神论。他说:"神存在呢?不存在呢?这是不知道的事。"我们应从他的思想中,注意其对于贵族主义的斗争。

二、戈尔基亚

戈尔基亚(Gorgias,约纪元前480—[纪元前]②380年),是西西里人,有名的能辩修辞家。他的哲学,虽立脚在本国人恩白多克列的自然科学上,但同时也称为怀疑论者。他的有名的命题说:(一)什么都不存在;(二)纵然有什么存在,人也不能捉到他;(三)纵然能够捉到他,也不能言传。然而这是他得意的能辩勾当,也许不是他自身被称为怀疑论者的理由。

三、其他索非斯特

普洛狄科(Prodicos),他是克奥斯岛人,大胆唱着反宗教的思想。他说:原始时代的人们,对于一切供自己利用的东西,都把它神格化了,如称面包为迭美物尔(谷物农业的神),称酒为笛奥纽梭斯(酒神名),称水为波塞东(海神名),称火为赫伐斯特

---

① 柏拉图:《特埃底特》。——原注

② [ ]内字系编者所加。——编者

(锻冶神名)等。此外,他还不信死后的生活。这里,我们看见了近代无神论的先导。

喜庇亚(Hippias),他是埃立斯(Elis),优长多方面的学者。尤可注意的是提倡自然法学说,反对现行法,说法律是对于人类的僭王,强制施行许多反自然的事情。

安特芳(Antiphon),他也和喜庇亚一样,提倡自然法,反对"法律和习惯",主张万人的自然平等。此外,卡立克列(Kollicles),他反对现行法的妥当性。

还有卢可夫伦(Lukophron)站在平等权利的名义下,公然要求撤销贵族的特权。阿基达玛(Ackidamas)首唱奴隶制度废止论。又,克里杜亚(Kliduas)断定,对宗教和神的信仰,就是上层阶级对下层阶级威胁的手段。

第二节 苏格拉底及柏拉图

一、苏格拉底

苏格拉底(Socratēs)及柏拉图的哲学,是对抗索非斯特的贵族反动哲学。苏格拉底哲学特征,在于它是脱离了自然科学研究基础的道德哲学,在于它是对索非斯特施行哲学攻击的宗教拥护者。

苏格拉底说:自然的研究,什么也没有告诉我们。他的"精灵"说,表现出他的世界观,任在何处都是宗教的色彩。总之,他因为要把宗教的观念净化起来,就反对索非斯特及唯物论者,拥护宗教。朗格说:一般地讲,在这个时代,"看见一种倾向,更把神弄成精神的,依神学根本理念的内在关系,把地方礼拜的多种多样性，整齐结合，对于奥莲坡的兆斯[①]，尤其对于迭伐伊的阿婆罗这类的国家主要神，尽可能地给以普遍的效力”。[②]

苏格拉底在哲学者中，不是十分重要的人物。他的哲学，虽往往被称为“实践哲学”，但是，那种“实践”，并不是现实的生产实践，而是抽象的道德实践。他以为“原野和树木，什么也没有告诉自己”[③]。把米勒都斯学派以来的唯物论自然哲学的传统，抛弃不顾。因此，他的哲学，便是非实践的唯心论了。在他看来，哲学首先是道德的东西。他说道德是一个知识，这知识依据于正当的见识，即省察见识在自制上成为实践的。他想站在这一道德的立场上，把宗教再建起来。这里就发生了神秘的“精灵”。

他在纪元前 471 或 470 年，生于雅典。父母是雕刻匠和产婆。起初他自己也做雕刻匠。他读过贤者的书，听过索非斯特的讲演。后来在纪元前 399 年被处死刑，理由是“导进了一些新神”。他的生涯虽然如此，可是他的哲学，实是贵族的反动哲学，这点我们应该注意。

苏格拉底的哲学，反映了当时的社会生活动摇，雅典社会崩溃的状态。这点在后来苏格拉底学派中，来得更明显。

以亚里士特坡（Aristippos，[纪元前]435—[纪元前]360年）[④]为首的西勒乃学派（Cyrenaics）[⑤]，以安地喜（Antisthenes）[⑥]

---

① 现通译为“奥林匹斯山上的宙斯”。——编者

② 朗格：《唯物论史》，第 10 版，S. 54。——原注

③ 柏拉图：《法伊底特》。——原注

④ [ ]内字系编者所加。亚里士特坡，通译亚里斯提卜，古希腊哲学家，昔勒尼学派的创始人。——编者

⑤ 西勒乃学派：通译昔勒尼学派，亦译“克兰尼学派”，别称“快乐主义学派”、“享乐主义学派”，古希腊小苏格拉底学派之一。因其主要代表及其活动地点是昔勒尼(Kyrene)而得名。——编者

⑥ 安地喜（约前 435—约前 370）：通译安提西尼，古希腊犬儒学派的创始人。主要著作有《赫拉克勒斯》、《阿斯帕亚娅》、《居鲁士》等，均佚失。——编者

为首的犬儒学派(Cynicism)[①],主张怀疑主义,并提倡禁欲主义,且赞美以动物和原始人为标准的自然状态。西诺培的狄奥奇内(Diogenes)[②],属于这一学派,他那漂流的乞食生活是有名的。至于以麦加拿的厄克里德(Eucleides)[③]为首的麦加拿(Megarian)学派[④],到了史蒂彭(Stilpon)[⑤],说明哲人的最高目的,就是无激情,很和犬儒学派接近。

苏格拉底学派中,那样加强地表现哲学的唯心论堕落倾向,反映那基于逃不脱的绝路而形成的奴隶所有制崩溃、市民凋落的状态。因此,这又形成古代哲学发展第三期的特征。

二、柏拉图

柏拉图(Plato)是苏格拉底的学生,唯心论(客观的唯心论)的确立者。他生于纪元前 427 年,是个表里一致的雅典贵族。在反对索非斯特及唯物论的唯心论反动中,他是一个巨头。纪元前 387 年,设立一个叫做"雅加得密"(Academe)的讲学机关于雅典[⑥],在那里教授哲学,直到新纪元前 347 年去世为止。他

---

① 犬儒学派,亦译"昔尼克学派",古希腊小苏格拉底学派之一。其学说特征是:从根本上贬低理性认识,认为逻辑学和自然哲学毫无价值,只是出于道德伦理目的才去研究逻辑学和自然哲学,以形成自己的道德观念。——编者

② 西诺培的狄奥奇内(Diogenes Sinopeus,约前 404—前 323):古希腊哲学家,犬儒学派代表之一。主要著作有《国家》、《论财富》、《论爱情》等,已佚。——编者

③ 厄克里德(Eucleides Megara,约前 450—约前 374):亦译欧几里得,(麦加拉的)古希腊哲学家,麦加拉学派的创始人。著作有《克里托德》、《阿尔基比阿德》、《爱的谈话》等,均佚。——编者。

④ 麦加拿学派(Megarian School):亦译麦加拉学派,小苏格拉底学派之一。由欧几里得(麦加拉的)大约在公元前 3 世纪时创立,持续存在到公元前 3 世纪初。——编者

⑤ 史蒂彭(Stilpon,约前 380—前 300):通译斯底尔波,亦译斯提耳蓬,古希腊哲学家,麦加拉学派第三任宗师。主要著作有《亚里斯提卜》、《托勒密》、《阿那克西美尼》等,均已佚失。——编者

⑥ 雅加得密(Academy):通译学园,古希腊柏拉图在雅典附近创办的一所学校。地址设在原祭祀古希腊英雄阿加德谟(Akademos)的附近有花园的运动场中,被称为雅加得密,一般译为柏拉图学园,简称"学园"。柏拉图死后,由其门徒接办。公元 529 年停办。——编者

是神秘主义诗人的哲学家，热心于贵族主义的思想家。在轻视自然科学研究这一点上，他和他的先生苏格拉底一样。他以为自然科学的理论，是一个“游戏”，竟把它明确地从学问中区别出来。

柏拉图把苏格拉底学说，更唯心论地加以发展，想确立“善”的客观概念。可是正如朗格说过的一样，那样的概念，究竟是什么？我们读破他的全部著作，也不能理解，恰同不能从炼金术的书本中，理解智者[①]的石块一般。[②] 柏拉图哲学的特征，就在他的概念哲学，即“意特(Ideal，有意译为理相者或理念者)论”中。据那中间说，被概念地思维了的东西、事物的形式，即“意特”，才是真正根源的存在。他把普遍的概念，作为凝固不动的东西，拿来对抗运动、变化、多样的现象世界。使普遍者脱离个别者，给普遍者以独立的实存。美不仅在美的东西中存在，善不仅在善的人类中存在，那完全被抽象化了的善和美，是独立地自立地存在的本质。这样的“意特”论，诚如麦林所说，与其说是科学，不如说是诗。[③] 亚里士多德批评这样的意特论，否定意特的独自存在，是正确的。

那末，这样的意特论究竟怎样发生的呢？古代唯心论的发展，柏拉图意特论的成立，在奴隶制度更大发展及其绝路中，有其物质的社会基础。当纪元前四世纪时，奴隶制度的内在矛盾非常激化，希腊已不能不被野蛮的马其顿人所征服了。这时代，鄙视一切劳动，厌恶同劳动的人们(奴隶)接触，把思维从人类的劳动分离出来，认为它是对立于劳动的更高级物。因此，贵族的唯心哲学，便离开劳动、实践的地盘而发生。同时，它也和这一

① 原稿为“贤者”，现按文意径改。——编者

② 麦林：《哲学史》，S. 24—25。——原注

③ 麦林：《哲学史》，S. 35。——原注

过程中必然生起的贵族主义政治的反动,根本结合着。

柏拉图的意特论,一般地受后代唯心哲学过高的评价着,把它当做提起并解决哲学根本问题的最先的学问尝试。[①] 富塞尔说:"新意义的科学在有了柏拉图的逻辑学基础后才发生,这个逻辑学,是研究'真'知识及'真'科学的本质要求的园地。"[②]唯心论者尽管这样赞美柏拉图,然而柏拉图唯心论,决不能成为"真的"科学的基础。

柏拉图把相对的感觉世界和绝对的本质世界(即意特世界),完全分开,认为真的认识、真的科学,只有依据概念上的思维去获得。学问是存在物的认识,可是在柏拉图看来,真正的存在物,却纯粹是思维的观念的存在,即意特。他以为"意特",就是"存在","真实在"(存在的存在者),"自己同一者","存在于自体者","多数同名物所共通的一者"。他又称赞意特是"无色、无形、不可捉摸的永远的真实在,它在天上的地方即天上的真理区",坐着王位。就柏拉图的说法看,关于意特的学问,竟是"辩证法"的了。

意特是思想,同时又是永远的客观。意特虽是神的产物,不是人类所造,但它却是绝对实在的东西。因此,柏拉图的唯心论,被称为客观的唯心论。依柏拉图说,感觉的事物"关与"着意特,意特和感觉的事物,具有"共同性",同时,两者的关系,是"模仿"的关系。意特是"原型",事物是它的"模像"。感觉指示我们以意特的外部的表现的"模像",使我们想起"意特"到某种程度。柏拉图对于"想起"的说明,非常神秘,意特是被神秘主义地直观的东西。尽管柏拉图的说明是这样的神秘主义,我们却从这里

---

① 参照伐连德尔(Vorländer):《哲学史》,日译第1卷,第42页。——原注

② 作者原注:"福那马勒(Fonamalou):著作有《先验逻辑学》(Transcendental Logic)等。"——编者

看见被唯心论地颠到了的模写说，它表现在“原型”的意特和“模像”的事物之间的模仿关系中。

柏拉图把世界的真理性、本质，移于意特，夺去了物质的内容。他认为物质是假的，是暂时的，是影，是恶。但是，另一方面，他因此又把作为一般概念看的意特，形成无生气的死物了。这样空虚的概念，既不能成为辩证法的基础，也不能成为辩证法的内容。因此，我们不能从柏拉图的唯心论中，看出“真的”科学的基础之辩证法。他的唯心论，是想基于意特论，基于把普遍和个别形而上学地分离，替神作基础的结果。[①] 就柏拉图在哲学史上的意义说，只有一点值得提，那就是他开始指出了概念在认识上的作用（仍不免夸大、逸脱）。

黑格尔在其《哲学史》中，给柏拉图哲学一个特征道：“这是达到科学——苏格拉底立场的科学性——的完成。哲学到了柏拉图，才成为科学。”[②]然而这种说法，明明赞扬哲学史上的神秘主义——唯心论，蔑视唯物论，[③]正是黑格尔唯心论见解。黑格尔站在这一立场上，又说：“诚然，辩证法的那种本性，柏拉图并没有完全意识到，可是却叙述了这样的从纯粹诸概念中去认识到的绝对的本质及那些概念的运动，这是辩证法的东西。”

当我们考察柏拉图的心理学说及国家论时，更明了他那唯心论的贵族主义反动性。

把精神现象三分为思维、感情、意欲的见解，已由德谟克里特确立过。德谟克里特把这三者各放一个位置，思维由头脑、愤怒由心脏，意欲由肝脏。柏拉图也把精神现象分为三种：（一）意欲，（二）感情（有气概者），（三）理性。他把意欲位置于身体的下

① 原稿为“结束”，现按文意径改。——编者

② 黑格尔：《哲学史》，11. S. 169。——原注

③ 参照列宁：《哲学笔记》。——原注

半部，把感情位置于胸部（心脏），把理性位置于头部（头脑），认为前二者是结合于肉体的，后者的理性可以和肉体分离。

重要的是：精神的这个三分类，正和他国内互相分离的三个阶级对照着。和第一种的意欲对照着的，是牧人、农人、手工业者，及商人阶层的“庶众”。和第二种的感情（有气概者）对照着的，是“保卫者”的武士阶级。和第三种的理性对照着的，是最高的支配阶级、统治者。

柏拉图哲学的反动性，反映着他的政治反动性。苏格拉底的学生们，在当时斯巴达贵族对抗雅典德谟克拉西的反动中，已经是站在前线的奸细，这是著名的事实，柏拉图正是这些学生（克塞诺芬、阿基庇亚德、克里迪亚）中的一个。柏拉图自己作为斯巴达的模范，制造他的贵族主义国家的理想，想借西拉克塞僭王的援助来实现。他承认奴隶制度，并且主张“支配者应同医生不顾病人所求的药一样，也不顾民众所求的法律”（《国家论》），想站在这一贵族的原理上，建立他的理想国家。人们往往认为他的“国家”是社会主义，其实绝不是那一回事。他虽然把分工当做国家形式上的原则，但他的这个分工，绝不是构成发达了的商品生产基础的分工，只不过是埃及 Caste 制度的雅典化而已。[①] 就是说，他的“国家”，具着亚细亚式专制主义的调子。

第三节　亚里士多德

一、对于柏拉图的亚里士多德

发展柏拉图哲学完成古代哲学的亚里士多德（Aristotelēs），生于纪元前 384 年，父亲利可玛科是马其顿王的御医，住在塔拉

① 马克思：《资本论》，第 1 卷，第 385 页。——原注

西之斯答吉拉(Stagira of Thrace)。他从十七八岁时到雅典,加入柏拉图的团体,直到柏拉图死去为止,隶属于该团体者二十年。当柏拉图还健在时,他已经出世做了独立的著述家,并做了能辩修辞术的教员。柏拉图死后,他和克塞诺拿底同到亚他内的君主赫米亚那里去,赫米亚是他们的朋友,且是雅加得密的同学。其后他在纪元前 342 年,经马其顿王绯立坡召去,担任当时年方 14 岁的亚历山大的教育。当亚历山大出征亚细亚(纪元前 334 年)还未开始以前,他已同帖奥佛拉斯迁居雅典,在那时创设自己的学校"鲁开温"(Lukeion)。他在那里逍遥于树阴路,和学生们共作哲学的思索。因此,他的学派得到逍遥学派的称呼。

他主持了自己的学校 12 年,适逢亚历山大死(纪元前 323 年)后,被控和马其顿皇室有关系,遂从雅典逃往叶巫俾亚的卡尔基士,翌年病胃死。

亚里士多德,从柏拉图所说的"概念规定"出发,确立了作为科学的哲学。他的特征,就在于他那包括了从来希腊哲学的整个发展,无比的总括的理论体系,通一切科学部门的百科全书的知识,以及从那种对科学不倦的诠索、探究,尤其是经验科学、自然科学方面的丰富知识。他特别在最后一点上,决定不同于柏拉图。他从德谟克里特方面学习得非常多,我认为他摄取了德谟克里特唯物论的整个理论。亚里士多德说"不和观察结伴的自然科学理论,是空虚的",这样决定地站在实验主义的立场上。他不同柏拉图一样,是个单纯思辩的哲学者。同时还是一切事物的严密观察者。所以,在他的手中,作为科学的哲学才能达到古代的完成,同时,开始对自然作严密的科学认识的也是他。因此,从某种意义上看,可说他在一切科学上,都是创立者。

想克服机械唯物论和唯心论的缺陷,把两者综合起来的人,亚里士多德要算最先的一个。并且这一克服、综合,他是从前述的经验主义、实证主义的立场去进行的。他的思想中，把柏拉图的概念规定的唯心论，和尊重个别者的经验主义、实证主义、唯物论，结合在一起。当这一结合时，他重视经验的事实，拿基于感官的知觉而来的各个经验事实的归纳，去获得一切普遍者和原理。就是说，采取着以感觉的经验为知识基础的唯物论立场。柏拉图以为感官的知觉，要在成为"意特"的想起诱因时，才有价值。亚里士多德却以为一切的知识，都要以感觉为基础，都要从感觉出发。为什么呢？因为普遍者(即"意特")，用他的话说，虽是本质上"较先的东西"，但在我们看来，"较先的东西"，却是感觉的对象之个物。这样，那被柏拉图形而上学地分离了的普遍和个别，便由亚里士多德把他们统一了。我们从这里，看见辩证法的活生生的端绪。

黑格尔对于柏拉图和亚里士多德的普遍者，如下地说着："普遍者，由于它是普遍者，所以还不具着何等现实性。现实化的活动，还没有立定。即自的东西，是那样没有活动性的。理性、法则等等，是那样抽象的。……柏拉图的普遍者，虽然一般地是客观的东西，可是那上面却缺乏生命性的原理、主体性的原理。这个生命性的原理、主体性的原理，并不是在一种偶然的主体性、单单特殊的主体性的意味上，实在是纯粹主体性的意味上，为亚里士多德所独特的东西。"①他又说："亚里士多德反对单纯变化的原理，固执普遍者，同样，他也反对毕达哥拉学派及柏拉图，反对数而主张活动。"②

要之，黑格尔在这里说的是：亚里士多德拿来和个别者统一了的普遍者，比起柏拉图的普遍者来，那是较活动的、较活生的，即辩证法的东西。

---

① 黑格尔：《哲学史》，11. S. 319—320。——原注

② 同上，11. S. 320。——原注

柏拉图的普遍者"意特"，是抽象的形而上学的东西。其所以如此，是由于他的哲学，一般地没有站在严密的经验科学、自然科学的充分发展的基础上，尤其由于他的意特论，是离开了自然的科学研究成果的思辨哲学。从一般上看，柏拉图既没有经验诸科学的充分发展的基础，因而从特殊上看，他自必进而放弃经验诸科学的研究成果，这样，当然不能抓住实在感觉世界、现象世界的杂多中的普遍法则。所以他不能统一普遍法则和现象的杂多，不能统一普遍者和感觉的经验的个物。

但是，亚里士多德基于研究经验诸科学的成果，从实证主义、经验主义的立场上，把柏拉图的"意特"论，作了唯物论的批判，统一普遍者和个物。亚里士多德对柏拉图的批判，意味着唯物论的胜利，辩证法的胜利。因此，亚里士多德对于柏拉图的特征，就是唯物论和辩证法。在这一点上，亚里士多德使我们想起辩证法的唯心论大成者黑格尔。

二、亚里士多德的唯物论和辩证法

亚里士多德，虽然想把概念的普遍者和感觉的个别者，统一起来，因而达到了辩证法及唯物论，可惜在他的手中，这种统一却没有能够真正实现，辩证法及唯物论也没有贯彻。他在唯物论和唯心论之间动摇着。不过虽是这样，他那想探求辩证法思维诸形式的坚决努力，以及他立脚于唯物论的根本思想的立场，却表现出来了。贯串亚里士多德哲学全部的，就是他对辩证法和唯物论的努力。

哲学，照亚里士多德的话说，即所谓"第一哲学"或"第一科学"，就是"把存在作为存在来研究。并研究属于它本来固有的东西的科学。"①依他看来，是经由感觉的经验去把握的。从这

① 亚里士多德：《形而上学论》，(F)1.1003.a。——原注

里，我们看见亚里士多德把柏拉图唯心论中的感觉和思维统一起来的努力，看见他通过这一努力而走向唯物论方面的巨大前进。这个感觉和思维统一的辩证法，实是从他的唯物论的认识论出发的。

亚里士多德在《形而上学论》中说："纵然假定我们没有看见过星辰，可是除我们现知的事物外，那永远实体之存在，也仍然无变更。因此，纵然再假定我们现在不知那永远实体是什么，但那些实体之不能不存在，也是的而且确实的。"[①]这样，亚里士多德便丝毫没有怀疑外界的实在性。这样，便完全明白地承认了离开我们意识而独立的客观的实在。这一对于客观实在的承认，乃是唯物论的根本前提。

关于感觉和认识，他在《灵魂论》中，也一样地表现着唯物论思想。他说："感觉和认识的不同，就在感觉是起于外部的这一点。为什么呢？因为感觉的活动向着个别者进行，知识则相反地向着普遍者进行。但是，知识在某种程度上，是在于作为实体看的灵魂之中。因此，任谁只要那样，都能够自己思维。感觉就不然，感觉不能凭人们自己想，被感觉者必须是现存的事物。"[②]这里，尽管表现他对于感觉和思维的唯物论统一不充分，尽管他所谓知识存在于"作为实体看的灵魂"中，仍是柏拉图的思想之残余，但事实上，已经很明确地主张感觉的根源性，感觉对象的客观实在性了。

他为要统一感觉和思维，更如次地说道："所以不感觉的人，什么都不识，什么都不理解。假若他要认识什么，必须把它作为表象去认识，因为表象和感觉相同，不过它没有物质作伴罢

① 亚里士多德：《形而上学论》，(Z)16.1041.a。——原注

② 黑格尔：《哲学史》，11.S.377。——原注

了。”[1]这明白地表现了亚里士多德的唯物的认识论，表现了感觉和思维的统一。他更把这一唯物论的思想，展开为“模写说”而如次地说道：“所谓感觉，就是把被感觉的无内容的形式摄进去……恰如火漆上盖金印，火漆所收受的只是金印的标识，不是金印的本身，即是它只收受了金印的纯粹的形式。”[2]又说：“理性，等于实际上没有写什么进去的书本一样。”[3]这里，亚里士多德明明唱着唯物论认识论的模写说思想，然而他的唯物论却并没有贯彻。他又在同一场所说：“感觉没有肉体虽不行，理性却能离开肉体。”[4]这使我们看出亚里士多德还有着柏拉图唯心论的残余，感觉和思维的唯物论统一不充分。

虽说亚里士多德在唯物论和唯心论之间，这样地动摇着，但我们却不可忽视另一方面：他的哲学，是以统一个别者和普遍者为目标的唯物论，并且他的认识论，还是模写说。他说“真理就是表象和对象的一致”。[5] 因此，概念已不同在柏拉图眼中一样，是抽象的普遍者，而是“自然中有血肉”的东西，[6]是和个别者结合的普遍者。于是辩证法问题被展开了。

（一）个物和普遍者的辩证法。亚里士多德把个别者和普遍者的辩证法，阐明地说道：“如果原理是普遍的东西，它们就不是实体了。为什么呢？因为一切共通物，都不是意味‘这个东西’（个物），而是意味‘那种东西’（客语的性质）的，实体却是‘这个东西’（个物）。但是，如果以为共同的客语，也能作为个体来实体化，那么苏格拉底，就会变成多数的动物，即变成他自己，变成

---

① 黑格尔：《哲学史》，11. S. 389。——原注
② 黑格尔：《哲学史》，11. S. 379。——原注
③ 黑格尔：《哲学史》，第 386 页。——原注
④ 黑格尔：《哲学史》，第 335 页。——原注
⑤ 黑格尔：《哲学史》，第 333 页。——原注
⑥ 同上。

别人，变成动物。……并且，如果说原理不是普遍的，是个别种类的东西，那么[就][1]不能认识它们了。为什么呢？因为物的知识，总是普遍的东西。所以，如果说原理的知识是有的，那么就它们来作普遍举述的其他原理，不能不先于它们而存在。”[2]这里，就是在说个别和普遍的矛盾及其统一。

照亚里士多德说，我们人类发源于“比我们较先的东西”，渐渐加深地踏入“本质上较先的东西”。因此，只有一定的个物，这个人，这个马，是现实的，是真意义上的实体：类概念（人类、生物），只不过是第二次的实体。可是另一方面，实体又被用作自体，用作和偶有者对立了的本质的东西。这样，便发生了一种对立、矛盾，这贯串了他的整个体系。这种情形，是由于他对感觉和思维的统一不充分，由于思维（理性）的纯粹性、独立性、永远不灭性，总括一句话，由于柏拉图唯心论在他身上的残余。他的辩证法不彻底，在唯物论和唯心论之间动摇，具有目的论的思想等等，都是这一残余的结果。

不过尽管那样不充分，但亚里士多德想辩证法地抓住个物和普遍[者][3]的关系，或抓住个物那东西，却是事实。结果，展开了实体的个物构成原理的形象和质料、实体生成上的可能态和现实态这两个态，以及诸实体的终极原因的原动者等的辩证法。

（二）质料和形象，可能态和现实态。质料是无形姿的不动实物，“横在根底上的东西”，给它作形姿为是形象。例如青铜或大理石是质料，作成了的雕像是形象。木、石及土是质料，房子是它们的形象。在人类方面，肉体是质料，生命和灵魂是形象。没有一切的形象，便一个质料也不存在，相反地，自立的形象原

① [ ]内字系编者所加。——编者

② 亚里士多德：《形而上学论》，B. 6. 1003. a。——原注

③ [ ]内字系编者所加。——编者

理，纯粹概念或事物的永久本质，却能存在。亚里士多德如上地观察着。于是进而质料概念，被提高到可能态，形象的概念，被提高到现实态。结果，质料“仅从可能态上看是一个某物”，如潜伏在芽中的树木，潜伏在少年中[的][1]成人，即是其例，那是要靠形象才实现的。因此，质料是未完成者，形象则是完成者。纯粹的形象，只有神的精神。因着质料和形象，可能态和两个对立的契机，于是生出发展、运动来。亚里士多德认为使发展、运动生出来的，就是能力因。

（三）被动者及动力因（神）。所谓运动，是还没完成的现实态。动者，被动者，非具有自己的原因不可。我们假若进而追溯这原因，那就要因为空间和时间无始无终的原故，达到非质料的“原动者”。它是那自己不动的惟一绝对的存在者，非物体的存在者，因而是理性存在者，即神或神的精神。于是“永远而自身不动的原动者”（见《形而上学论》）现了出来。这和纯粹形象同一的神，又叫着“思维的思维”。这样，亚里士多德便把唯心论、神学的道路，通到天上去了。他的哲学上的目的论，和这种情形结合着。

（四）运动。但是，他能在运动上、发展上把握事物，并把运动作为发生及消灭，作为增加及减少，作为空间上的位置变化，来详细地观察，这是他的优点。宇宙的自然，一切都被在运动上把握住了。亚里士多德的物理学即自然哲学，拿宇宙自然的运动，当做它的研究对象。在亚里士多德的这一关于运动种类的学说中，现着那关于物质运动形式的变化及转变的唯物辩证法的萌芽，虽然这一萌芽的出现，还在不充分的混乱形式上。

照上面的叙述看，虽然亚里士多德动摇于唯物论和唯心论

---

① [ ]内字系编者所加。——编者

之间，他的哲学实是折衷主义。不过虽是这样，他的哲学的特征，却仍在唯物论和辩证法中。他的哲学包括了希腊哲学从来的全体发展，是古代哲学［的］①最高峰，是古代哲学的完结。至于就辩证法说，他的哲学实是希腊哲学以意识的辩证法为目标而达到的最高点，不消说，亚里士多德并没有真正解决矛盾的问题，他的辩证法并不充分，他的唯物论并未贯彻，简直动摇得很。这是基于什么呢？

基于亚里士多德不能把柏拉图唯心论的概念规定的立场，真正唯物论地去克服，因而也就不能完全跳出它的圈子外。他批评柏拉图的"意特"论，否认"意特"独自的实在，可是结局，他自己也固执概念哲学，承认作为本质自体者的概念、形象。他和柏拉图不同之点，仅在于不把形象作为脱离事物而永远独立存在的本质看，而作为个物本身内在的本质来解释。不消说，就在这种场合，他也不还把形象当做永远不变的本质看。他由于把形象作为个物的内在本质，遂把当时一切科学的成果、材料，采入他的哲学中，并且用大规模的方法采入了。但是，他却终于不能把那在普遍者和个别者之间、理性和感性之间、神和世界之间的二元论，加以扬弃。亚里士多德哲学中的"概念"，是把现实宇宙的一切，隶于其下的"概念"。

亚里士多德始终不能完全脱离柏拉图唯心论的"概念"的立场，从这一点说，他自己也是唯心论。最表现他的这种情形的，就在于他虽然一方面确立了唯物论的辩证法，把具体的个物作为实体看，可是另一方面，又于"具体个物之外"，认"形姿及形象"为本质，不能不给它们以自体性、永远性、不变性。因此，他又复把绝对独立性、纯粹性、永远不灭性的质格，送给脱离了感

① ［ ］内字系编者所加。——编者

性的理性。结果，个别和普遍，感觉和思维的真正唯物论的统一，遂不可能，辩证法和唯物论，都不彻底。于是他便在动摇徘徊于唯物论和唯心论之间以后，终去亲近那“永远而自身不动的原动者”的神，“思维的思维”的神，想在那里建一个目的论的世界去安身。

亚里士多德的这种命运，实是该时代的约制，他不能逾越哲学的古代限制。这种情形，当他是那已陷绝境的古代社会的贵族思想家时，尤其为然。他的好遇合，就是和马其顿王室结合，但正因为这，更加强了他反雅典、反商业资本的精神。他承认奴隶制度，并愤恨货币经济、商业及商业资本，主张自然经济。在亚里士多德看来，经济活动如果超出了生计经济的限界，那就是反自然的经济活动。真正的经济学，是和工业及交换没有关系的生计学。[①] 这里，亚里士多德是作为反商业资本的地主贵族的反动思想家而出现着。

第四节　伊壁鸠鲁

德谟克里特的唯物论，在其去世约百年后，又由伊壁鸠鲁(Epikouros)把它复活起来。伊壁鸠鲁是德谟克里特的承继人，是和柏拉图的概念哲学对立的伟大唯物论者。

伊壁鸠鲁是雅典一个学校教员的儿子，于纪元前 341 年在萨莫士岛出生。他在雅典，听过各派哲学家的学说，尤其听过德谟克里特的门徒劳西法内(Naosiphanei)的学说更多，遂成为热烈的德谟克里特唯物论者。他于纪元前 306 年，在自己的家园内，设立学校，主持校务到死的那年——纪元前 270 年——为

① 瓦格:《非经济学史》，第 38 页。——原注

止。他之所以被呼为“家园哲学者”,由来就在这里。他的著书,差不多遍及哲学的各方面,尤以物理学、气象学及伦理学方面的写作为多。他对于德谟克里特的自然科学唯物论,虽作了一些修改,但大致是承继德谟克里特,在德谟克里特唯物论的理论基础上,建立了他自己唯物论的无神论的世界观,对于一切宗教,常拿强烈的厌恶去说及。

他的认识论是唯物论的,反对唯心哲学中的概念和理性的优越性,主张感官知觉的根源性。他主张感官知觉,才是认识的真理性之惟一规准,只有知觉才具着直接的明证。一切的概念上,都必需直接的知觉当先,知觉的对象若抛掉,一切思维也要随着抛掉。各种知觉聚合而生的想象、表象和概念,是导入臆见或想定的东西,是不适当的东西。概念只在直接的知觉作证,至少不反证时,才是真的。理性的成长,也由于知觉,它完全依靠着知觉。照这样看来,伊壁鸠鲁是想从感觉的根源性上,成就感觉和思维(理性)的统一,这是亚里士多德没有充分唯物论地做成功的事情。不消说,他的这个统一,也同他的唯物论全体一样,仍是机械论的东西。

他基于德谟克里特的原子论的唯物论,说明人类的灵魂和认识。依他看来,形成人类灵魂的是好些像空气的纤细的物质,它们散布在身体这一集合体的全部,混合着似火的元素,及某种“不可名状”的元素。知觉由这种感觉器官而生,完全是物质的。就是说,非常纤细的小片,从物的表面放射出来,它们作为物像侵入我们的感官,知觉于是发生。他的这一唯物论的见解,实是唯物认识论的模写说的原始表现。

他又基于原子论的唯物论的立场来说明自然和世界。他说:“原子和空虚的空间,从无极的古昔起,即已存在。”这里应当注意一点:即伊壁鸠鲁认为原子降落时,并不遵循垂直的道路。

前面已经讲过，德谟克里特以为“在经过无限空间的永远落下运动中，较速落下的较大的原子，和较小的原子相冲突”。德谟克里特的这一说，后来受了亚里士多德的攻击。亚里士多德否认“较大的原子较速地落下”，他认为“如果承认有空虚的空间，那么其中一切物体，都要同等速度地降落下来”。[①] 这启发伊壁鸠鲁想出了一种学说：认为原子落下时，无动机地轶出直线外。各原子垂直下落的“只有少数”，大多数是任意偏曲的。他把原子的这种偏曲，看做原子固有的内在自由，放弃德谟克里特学说中之严密的自然必然性的特性。于是自然必然的盲目法则中，加进了偶然性。真的，所谓曲线的运动，是暗示着比直线运动更高度的形态。我们从伊壁鸠鲁的学说中，看出它和近代自然科学的关联，看出他暗示科学发展的方向。不过这至多也只是暗示而已。还说不到充分的科学理解。

德谟克里特和伊壁鸠鲁两人的唯物论，虽然都是原子论的唯物论，但相互间仍有某种的差异。伊壁鸠鲁对于自然科学的关心，比较地薄弱，他所大致如实地继承的德谟克里特唯物论，他的物理学，似乎只作了他对于全哲学体系这一目的的手段。德谟克里特的研究自然[科学][②]，唯物论地科学地研究自然，目的正在于探求它的本身，伊壁鸠鲁就不同，他不是拿自然的唯物论研究的本身作目标，研究得达到了唯物论的世界观的，相反地，他的目的是在于树立伦理学的哲学体系，因而拿德谟克里特的唯物论作基础的。他的伦理学，是唯物论的感觉论的伦理学，是一种幸福主义。

伊壁鸠鲁的感觉论（唯物论）的伦理学，其意图和他的德谟克里特唯物论之间，有着密切的关系。他的哲学基础，建立在德

① 朗格：《唯物论史》，第10版，S. 16。——原注

② [ ]内字系编者所加。——编者

谟克里特的唯物论上，关于这一点，如果离开了他那优越的伦理学的意图，便不能充分理解。因此，他毫不犹疑地，从假定“原子的偏差”、“意志自由”上，部分地改变德谟克里特的唯物论的结论。

这里，有着伊壁鸠鲁和德谟克里特的时代的大差异。伊壁鸠鲁的那时代，因着古代希腊奴隶社会经济构造的内在矛盾在激化，社会的生产力发展在停滞，生产技术的发展在停滞，已不进行以自然[科学][①]本身为目的的自然科学研究，及其和哲学的紧密结合。希腊哲学的关心，已经从自然移到人类。德谟克里特所看见的反地主贵族的唯物论、自由主义思想，即商业资本的进步的世界观，在伊壁鸠鲁的时代，一般地已经看不见了。伊壁鸠鲁及其后继时代的古代哲学，是古希腊社会总没落期的精神产物。

就是说，伊壁鸠鲁所继承的德谟克里特的唯物论，其中独自成为问题的唯物论的世界认识，那时代已经消失了，这是伊壁鸠鲁所遭际的命运。

伊壁鸠鲁厌恶一切宗教，他基于原子论的唯物论，明确地否认一切目的的决定和神的主宰。但是，关于神的存在，他却没有决定地否定它，反认为神是以“中间世界”为家乡的。不过他以为神在中间世界，是处于幸福的安静和完全自足中，和我们人类不接触，也不干涉自然法则，享着自己的清福。说去说来，就是把神和人类隔开了的。因此，他说“蔑视凡俗的所谓神，不就是没有神，归依于凡俗臆意的神，反是蔑视神”，这段话在他不是无故的。

伊壁鸠鲁无神论，那样不彻底，他的唯物论，全是机械论的

① [ ]内字系编者所加。——编者

性质，这是该时代的约制。话尽这样说，伊壁鸠鲁却是从某些修改中，忠实在继承并保持了德谟克里特唯物论的古代伟大唯物论哲学家。

可惜这种唯物论，在伊壁鸠鲁学派的往后发展中，变成快乐主义的下流庸俗哲学，一方面，拿最可耻的哲学假面具，替罗马帝国支配者的社会要素辩护感官[①]的享乐，他方面那作为"受压迫的被造物之叹息"的原始基督教，用它作了意识形态的地盘。正如麦林所说的一样："因此，这个哲学，被各阶级的社会斗争所捉住，变形、颠倒得成为它的反对物。"[②]于是我们的叙述，进入古代哲学发展的第三期。

① 原稿为"感觉"，现按文意径改。——编者

② 麦林：《哲学史》，S. 43。——原注

第四章 第三期
——希腊、罗马哲学
(宗教化、唯心论的堕落)

第一节 怀疑主义 伊壁鸠鲁主义 斯多噶主义

继亚里士多德、伊壁鸠鲁之后而来的古代哲学发展的第三期，哲学和个别诸科学的隔离、哲学的创造力陷于麻痹状态，散失建设体系的精神，没有征服对象的积极性，思维退化堕落到神秘主义化、流俗化、唯心论，所有这些就是该时期的特征。这时期的哲学家，丝毫也不脱前时代哲学家的堕落了的□□□□(亚流)范围[①]，所以这时期，又被呼做“亚历山大的时代”。[②]

第三期是跟着希腊国家的崩溃而开始的。亚历山大征服东方及南方诸国，虽然开拓了新的世界，可是希腊本身，因着处于社会的一切动摇、溃灭中，也遭受外国人的蚕食，化成他们的战争舞台。这时的奴隶制度，已经走入绝境、崩溃的道上，由此造成的生活诸条件，使得哲学完全[③]脱离个别科学、自然科学，变成低级的人生哲学(处世法)。当时埃及的亚历山大，已代希腊作了世界贸易的中心，个别诸科学的发展，主要是拿亚历山大做中心。因此，科学史和文学史方面，呼这时代为“亚历山大时代”。这时代的特征，表现在学问全是技巧性质、模仿性质上，正如人们拿“亚历山大式”这一语，表示“玄学的”意义一样。

---

① 作者原稿如此。——编者

② 作者原稿如此。——编者

③ 作者原文为“完了”。现按文意径改。——编者

固然这时代，也曾因着世界交通的发达，一度表现过以亚历山大（后来以罗马）为中心的个别诸科学的发展，但这时代并不是站在何等新的生产样式上，终不过把古代生产样式[①]本身诸矛盾的发展，重复、延长而已，所以学问方面，也不能跳出古代的限界。亚历山大地方，充分设备了天文台、器械、动物园、植物园、解剖室，尤其巨大的图书馆。在亚历山大及其影响下的白加孟、洛得士、西拉克塞诸市，几何学（由牛克黎德[②] Euclid）、文法学（由亚历山大的亚里士达科 Anistarkos）、天文学（由希巴科 Hekpposkhos 及萨莫士的亚里士达科 Anistarkos of Samos），地理学（由伊拉托斯特 Elatosthones 及普图利迈奥 Ptolemaios）、数学和力学（由阿基米德 Archimedes），都有着发展。但是，尽管有着这些部分的发展，而全体上，诸科学却仍缺乏体系的见地，即哲学的基础，这是亚历山大时代的学问特征。

同时他方面，脱离了个别诸科学的哲学，完全失掉科学的基础，变成教义式的东西，俗流化起来。哲学成为人生的智谋，哲学家被呼为“灵魂的医生”。就是说，这时代，脱离了哲学的个别诸科学，尽管有些部分的发展，但绝不是哲学的发展期，可说是哲学的思维退化期。这种情形，实是当时生产关系的反映，哲学已经不能结合于生产力的发展了。

时代是不安的时代，从来的诸观念崩溃，生活破产，人们站在这社会和生活的总动摇、总混乱的前面，为要获得内心满足和情绪安定，便想从哲学中去探求。某些人想由世上的高贵享乐（伊壁鸠鲁主义—快乐主义）中去求得，有些人却想由禁欲（斯多噶主义）中去求得，还有些人想由中止判断，放弃思维的努力（怀疑主义）中去求得。到了最后，就发生新柏拉图主义，它表现为

---

① 即生产方式。——编者

② 即欧几里得。——编者

宗教救济的哲学。总括起来说，这时代的哲学，中心任务，就在设法躲避不安（古代社会没有可以解决这一不安的物质条件），造出孤独的安慰逃避所。哲学的这种倾向，本已出现于苏格拉底学派中，不过到了第三期，尤其明显地，在斯多噶主义、伊壁鸠鲁主义、怀疑主义、新柏拉图主义中，表现出来罢了。这些哲学所共通的中心目标，就在于讲求从现实生活中，找出将来的希望，它们沉潜于内部生活，向精神和心情的安宁中求幸福，最后就是宗教的自己救济。

一、怀疑主义

第一番出现的时代产物，就是怀疑主义，普通，当科学的发达不完全的时代，都有着“怀疑”这怪物。但是这里的怀疑主义，是由社会关系的矛盾媒介来的东西，尤其是社会走入绝地的产物。这时代的怀疑论者，数起来有出生于伊立斯的毕幼伦（Pyrrhon）[①]，有毕幼伦的门徒，出生于富里欧的迪孟（Timonaus of Phlions，由纪元前325年到纪元前235年），有出生于埃奥里亚的阿开西拉奥（Arkesilaos of Aiolia，由纪元前315年到[纪元前][②]241年），有西勒乃的卡内亚德（Karneades，由纪元前210年到[纪元前][③]124年），有索斯的爱黎西德谟（Ainesidemos，纪元前一世纪），有恩配里可（Sextos Empeirikos，纪元后二世纪）等人。

虽说怀疑主义者相互间，还有多少差异，可是他们却有一个

① 毕幼伦（Pyrrhon，约前365—约前275）：通译皮浪，亦译毕洛，古希腊哲学家，怀疑学派的奠基人。生前无著作。古罗马塞克斯都、恩披里柯著有《皮浪学说纲要》，流传迄今。——编者

② 阿开西拉奥（Arkesilaos，约前315—前241）：亦译阿尔克西劳，古希腊哲学家，中期学园派奠基人。未留下著作。——编者

③ 卡内亚德（Karneades，约前214—约前124）：古希腊新学园奠基人，是古代怀疑主义最大体系的代表人物。——编者

共通点，都要独断地绝念于一切知识，想固执思维的自己意识，以求取心情不动摇的安宁。不错，这或许是解消世界不安的一个最单纯的方法，但同时却是最空虚最不确实的方法，因为世界纵被否定，而自己意识这原理，仍没有贯彻于世界中。

从逻辑上看，继怀疑主义之后出现的，要算伊壁鸠鲁主义（快乐主义）。

二、伊壁鸠鲁主义

关于古代的伟大唯物论者伊壁鸠鲁，以及他的学说后来被人改变为快乐主义的庸俗主义，这在前面已经说过。普通被看做“伊壁鸠鲁主义者”的人，是兰浦沙科的麦罗多罗（Metrodoras）[①]、科罗底（Kolotus）、阿波洛多罗（Appolodoros）、西登的芝诺（Zenon）、伐伊德罗（Phaidoros）、费洛迭摩（Philodemos）[②]等等。这些人究竟是不是快乐主义的庸俗哲学者，虽然并不明白，但是他们已经从伊壁鸠鲁的思想中，准备了移向后期快乐主义的地盘，却是事实。

所谓“伊壁鸠鲁主义”，想把孤立化的个体，作为世界原理来证明。它把德谟克里特的原子，变成这孤立化了的个体之原理，这样，德谟克里特的世界观的唯物论基础，当然遭受破坏。麦林所谓伊壁鸠鲁哲学的“变形、颠倒成它的反对物”，正是这个。“伊壁鸠鲁主义”是快乐主义，从这点说，它很接近亚里士特坡。“伊壁鸠鲁主义者”认为每个人的幸福，都在快乐中。可是他们并不是从瞬息间的单纯欲望满足中，找出快乐来，乃是以断念一

---

① 麦罗多罗（拉姆萨库斯的）（Metrodoras Lampsakenos，约前331—约前278）：亦译梅特罗多洛，古希腊哲学家，伊壁鸠鲁学派代表之一，伊壁鸠鲁最亲密的学生。著作有《驳医生》、《论感觉》、《驳辩证术家》、《驳智者派》、均已佚失，仅存残篇。——编者

② 费洛迭摩（伽达拉的）（Philodemos of Gadara，约前110—约前40）：亦译菲洛得谟，古希腊哲学家，伊壁鸠鲁派代表之一。主要著作有《希腊哲学家学说纲要》，已佚失，仅剩下若干残篇。——编者

切的灵魂爽快地和平地去找出。它的出发点是快乐，目标是幸福生活，最后到达的地方，便是爽快安静的和平。到了斯多噶主义(Stoicism)[①]，更把“伊壁鸠鲁主义”的自己意识之个别性，提高到普遍性了。

说到“伊壁鸠鲁主义”和斯多噶主义，想起关于“自己享乐”的一段话：“享乐的哲学，就是获得了享乐特权的某种社会集团富于机智的把戏，此外算不得什么。他们的享乐方法和内容，常受其余社会形态的约制，并且被困于那些矛盾，这是事实。纵然不顾这种事实，但只要这个哲学一要求普遍的性格，且把自己宣告为社会全体的人生观时，它就得变为纯粹的空话。于是这个哲学便降低到教化的道德说教，替现社会作诡辩的辩护，或把一种不自然的禁欲，作为享乐来说明，因之颠倒得成了它的反对物。”[②]

因此，作为禁欲哲学的斯多噶主义现出来。

三、斯多噶主义

被算为斯多噶主义者的，有如下的人们：出生于基地温的芝诺(纪元前 336—[纪元前][③]264 年)，出生于脱落亚的克黎安底(Kleanthes)[④]，出生于索雷的克柳西坡(Khlusippos，纪元前

---

① 斯多噶主义：亦译“斯多葛主义”、“斯多亚主义”，为希腊化时期(前 334—前 30)和罗马帝国时期(约 30—476)的哲学学派的主张。宣扬服从命运和泛神论思想，其体系有唯心主义又有唯物主义倾向。最早由芝诺提出。因在雅典集市场北面的“画廊”聚徒讲学而使该学派得名“画廊学派”。同伊壁鸠鲁学派、怀疑学派并列，前后持续达五百年以上。——编者

② 参见《马克思恩格斯选集》，第 3 卷，第 489 页，人民出版社 1992 年版。——编者

③ [ ]内字系编者所加。——编者

④ 克黎安底：通译克利安西；克柳西坡：通译克吕西普。均为芝诺的学生。——编者

280—[纪元前][1]207 年)，出生于巴比伦的狄奥格内[2]，以上诸人，被呼为古斯多噶。再则出生于洛德斯的巴莱地奥(Panaitios，纪元前 180—[纪元前][3]110 年)，出生于叙利亚的泼塞多利奥(Poseidonios，纪元前 130—[纪元前][4]50 年)，这二人被呼为中斯多噶。除此外，还有罗马帝政时代的斯多噶派塞内加(Seneca，纪元前 4—纪元 65 年)、茹孚(mosonius Rufles)、伊壁克底托(Epictetos，纪元 50 年时)、敖勒里乌(marcus Aurelias，纪元 121—180 年)等人。

“伊壁鸠鲁主义”把德谟克里特和西勒乃学派，不中用折衷起来，同这一样，斯多噶主义，也把赫拉克里特和西勒乃学派，不中用地折衷起来。斯多噶派人们，认为赋予一切以生命的永远根源力，是出于温气、火，这温气、火，都是产生一切东西的泉源，它给一切东西以生命，推动一切东西。他们又认为这被当做根源力看的火，是“种子的理性力”。他们想由此把宿命论(必然论)和目的论统一起来。在他们看来，人类的根本冲动，就是**保存自己的冲动**。只有人类的目的，才能给人类以内[5]的满足和幸福，它是和人类自己本身一致地生存着的，它忠实于人类自己本身，和自然一致，投合于自然地生存着。没有理性的东西，受铁一般的强制所逼迫而服从永远的必然性；有理性的东西，则依自己的自由来决定，服从神的世界法则。投合于自然，就是投合于理性，就是行德。只有德能充分供给幸福。这就是德的“自足”。所谓德的自足，把它换一句话来说，就是和一切激情绝缘了的

---

① [ ]内字系编者所加。——编者

② 狄奥格内：通译第欧根尼(Diogenes Babylonia，约前 240—前 152)，古希腊哲学家，属早期斯多亚学派。主要著作有《辩证术》、《论占卜》等，均佚失，现仅存残篇。——编者

③ [ ]内字系编者所加。——编者

④ 原文如此，疑系笔误。——编者

⑤ 原文如此，疑系笔误。——编者

“无激情”。禁欲哲学就产生了。

总而言之，它们要求每个人都去服从普遍的理性，因而达到自制、禁欲。“伊壁鸠鲁主义者”认为人类要幸福，就要行德，斯多噶主义者也认为行德就是幸福，两者都是幸福哲学。黑格尔把“伊壁鸠鲁主义”和斯多噶主义，都作为“独断论”看待，拿抽象的个别的自己意识，作为前者的特征，拿抽象的普遍的自己意识，作为后者的特征。[①]

斯多噶主义，这个唱着和神的理性一致的禁欲哲学，其后愈带着浓厚的宗教色彩，到了罗马帝政时代，甚至归依于摄理的信仰、神的意志，尤其被塞内加、伊壁克底托、敖勒里乌这些人，弄得宗教化、神秘主义化，接近于新柏拉图主义这个神的救济哲学了。

第二节　鲁克黎杜[②]

在伊壁鸠鲁的唯物论被颠倒得成为它的反对物这过程中，只有一个人，完全依照伊壁鸠鲁的见解，来把握、叙述了他的唯物论。这个人就是享寿极少的罗马诗人鲁克黎杜(Lucretius)(纪元前79—[纪元前][③]55年)。唯物论者鲁克黎杜的存在，在古代哲学发展第三期，哲学一般地表现唯心论的堕落、宗教化、神秘主义化中，形成了惟一的例外。

鲁克黎杜所著的《论事物性质》(*De rerumnatura*)这六脚韵的箴言诗，共计6卷，其中展开了唯物论的无神论哲学。

第一卷内，说出宗教是迷信和诞妄的来源。他认为任何东

① 黑格尔:《哲学史》,11. S. 423—429。参见麦林:《哲学史》,第38页。——原注

② 现通译为卢克莱修。——编者

③ [　]内字系编者所加。——编者

西都不从无中产生，任何东西实际上也不消灭。原子即物的始原，运动于世界全体的无限虚空间。世界的合[1]目的的组织，在许多能够考察的场合中，只不过是惟一特别的场合而已。第二卷，从伊壁鸠鲁的唯物论立场，论述原子的运动及其性质，他说一定原子结合起来，就生感觉，广泛地、永远且渺落地扩展着的世界的无限数，就存在这一结合上。第三卷，攻击不死的信仰，以及由此信仰所生的对死的恐怖，他把灵魂和温暖或气息作同一看待。第四卷，唯物论地严密地说明了人类的感情，尤其关于性爱方面。第五卷，唯物论地说明了世界的发生史、生物的发展史，尤其提供了人类由原始状态来的发达史、言语、艺术、国家、宗教的发展史。第六卷，论述非常的自然现象（磁气、雷雨、火山喷火、洪水）及人类的疾病。

…………[2]

贯串这部诗文全体的，就是他所继承的伊壁鸠鲁的德谟克里特唯物论。这在当时的罗马，不能不是例外，当时的罗马，由奴隶制造成的生产力的某种发展，确是有的，但商业资本的发展，并没有结合工业的发展，一般说，商业并没有建立在工业生产的基础上。此外，奴隶所有者生产样式的内在诸矛盾，当时已经剧烈地表现着罗马单靠不断地征服邻近诸民族，去获得奴隶及掠夺财富来防止矛盾的尖锐化，结果，遂在大罗马帝国这一世界的规模上，把这种矛盾扩大再生产出来。罗马的成长，罗马的繁荣，不是基于它自身的工商业发展，主要地是因为征服而荣茂，因征服而壮大。罗马对生产游离着，“商业和工业，不是征服世界的罗马人的工作”。[3] 罗马人在这样的情形下，要生产自身

① 原文为“和”，现按文意径改。——编者

② 《西洋哲学史》原缺的手抄稿（二），在本书初版后由作者亲属发现，首页有“续抄上册末了之文”字样。——编者

③ 恩格斯：《家庭、私有制和国家的起源》，第 146 页。——原注

的独创体系且是进步体系的哲学，一般是不可能的。所以说："一般的贫穷，交通、手工业、艺术的退步，人口的减少，诸都市的衰落，农业向着低级阶段的退化，所有这些，正是罗马统治的最后结果。"①

因此，鲁克黎杜的唯物论，在罗马是意味着一个特殊事例的。同时，这里也规定了他的唯物论的短命。第一，因为鲁克黎杜的唯物论，只能把伊壁鸠鲁的唯物论，用诗的形式表现出来。第二，这个唯物论，在罗马奴隶社会的腐败和堕落中，不能那样的生存下去，自必因鲁克黎杜的早死而消灭。鲁克黎杜的影响，仅从诗人霍拉杜的讽刺诗中看见过。霍拉杜自称他是"伊壁鸠鲁的家畜群中一猪仔"。但是，连这霍拉杜，到了晚年也很接近斯多噶主义的思想。霍拉杜说："继德世界有破灭成碎片的一天，我也要神色自若地随碎片而去。"

这样，鲁克黎杜所继承的伊壁鸠鲁唯物论的无神论哲学，终于看不见再继人了。往后经遇整个中世纪，不，直到近代，它还被当做异端看，并且不为世所知了。到了近代的十七世纪初期，伊壁鸠鲁的唯物论哲学，才由加山第把它复活起来。

加山第拿伊壁鸠鲁的唯物论哲学，对抗中世纪柏拉图——亚里士多德的传统，由此开拓了近代唯物论的道路。加山第是"从教父们及实现了的无理性的整个中世纪时代所课于他的破门中，把伊壁鸠鲁解放出来"的人。加山第的这个工作"恰如想在希腊的莱斯的明洁肉体上，套上基督教僧侣的上衣一样"，"与其说加山第能够就伊壁鸠鲁的哲学来启发我们，不如说是跟伊壁鸠鲁的哲学学习着"。

① 恩格斯：《家庭、私有制和国家的起源》，第 142 页。——原注

第三节　新柏拉图主义

新柏拉图主义是作为宗教救济的哲学来出现的，它由怀疑主义“伊壁鸠鲁主义”（快乐主义）、斯多噶主义的发展所准备，所形成。它是腐败、堕落、陷于绝境的帝政罗马贵族的福音哲学。

新柏拉图主义的前导，可从犹太人费伦（Philon，纪元前25—纪元 50 年）的学说中看出来，他是当时融合犹太文化和希腊文化的亚历山大的哲学家。他想把信仰救世主来拯济的犹太教和希腊唯心论（尤其柏拉图哲学，斯多噶哲学）统一起来。他把最高的力叫做 Logos，又叫做智慧。认为 Logos 是神和世界的中介者，是处在活动、创造范围内的神。创造者这个名词，同时是世界存在的泉源，神从混沌中以儿子 Logos 为中介而创造世界，模仿 Logos 制造人类。人类的最高任务，就是从灵对肉的胜利中，从剿灭欲情中，变成似神的东西。人只有靠神的恩宠而为义，在我们中间为善的只有神。只有为神而为的善才是善。最高的净福，就是神的直观，就是棲止于神中，沉潜于神中，即人神合一的恍惚（Exstasis）。

确立新柏拉图主义的人，是勃罗笛诺（Plotinos），他是这一体系的准备者亚历山大人安莫尼奥（Ammonios，纪元 175—纪元 242）的学生，在纪元 204 年生于埃及，纪元 244 年就在罗马设立自己的学校，主持校务到纪元 268 年为止。他生前获得罗马皇帝加里莱及其皇后的宠爱。纪元 270 年死在他的坎拔利亚友人的领土上。他特别对于毕达哥拉、柏拉图、亚里士多德有研究，全是宗教的神秘主义哲学家。

他尊重柏拉图的辩证法，说这是使思维受到训练的东西。他认为除了从事于思维的精神以外，再没有东西存在，整个自然是一个概念。他是最先把思维者和被思维者在自己意识上的同一性指摘出的人，由此叙着神秘的概念的辩证法。但结局，它是导入宗教，终于宗教的。他的出发点是呼做“一”，呼做善，或呼做神的绝对者。这个绝对者是极原(根源的第一者)，从存在说，从思维说，它都超越着。由于这个绝对者充满得“流出”，多者就出现。第一的流出，是理性，或精神。精神上已经附着二元性，就是说，它是以认识者及被认识者，意识及其对象为前提的。精神中内在着那既是思想(原型)，同时又是动力的“意特”。勃罗笛诺把精神所思维的根本概念即范畴，分为存在、静止、运动、同一、不同等五个。从这上面，我们看出被神秘主义粉饰了的概念的辩证法。这个概念的辩证法的结论，就是一种宗教的世界观，它认为全世界产生于神的统一的世界灵魂。

他从那种世界观来说那和绝对者的合一，和神的合一。他说我们定要不忘掉我人的根源那更高级的东西，尽力回去我人灵魂的最初故乡，肃清欲望，隔离感性，藉此把较善的自己解放出来。我们只有靠灵魂的这一纯化(Catharsis)过程，才能达到最高的净福。据他的意见，不意识的忘我脱魂(Exstasis)状态，沉默于神中酩酊状态，这就是和绝对者神的完全合一。因此，他的哲学，本质上成了宗教。

据他的学生颇尔佛里奥(Porphurios，纪元 410—485)的勃罗笛诺传中说：勃罗笛诺是耻于把自己闭塞在肉体中，因而厌说肉体的出处或由来的宗教圣人。

新柏拉图主义的特别代表的哲学者，除颇尔佛里奥外，还有他的学生养布力科(Jamblijhos，死于纪元 330 年时)及叙利亚人蒲罗克洛(Proklos，纪元 410—485)、罗马人贝提奥(Boetios，纪元 480—525)等。

蒲罗克洛替勃罗笛诺的极原(绝对者)，辩证法地筑着基础，并想概念地规定它是表现于多样的现象世界的方法。蒲罗克洛的根本思想，那从一者到多者的开展，多者到统一的复归，原是勃罗笛诺的根本思想，蒲罗克洛从这上面出发，想定一切存在者发展的三阶段，即止留、发出、复归的努力是。但是，他的这一辩证法，完全是穿了神秘主义衣裳的概念辩证法。

第四节　原始基督教与哲学

怀疑主义、“伊壁鸠鲁主义”、斯多噶主义、新柏拉图主义，所有这些，都是那作为罗马世界“受压迫的被造物的叹息”的原始基督教的意识形态地盘。这些哲学，谁也是向着自己的宗教化在发展而准备了原始基督教。同时，当时散居于希腊—罗马世界各处的“离散者”（Diaspora，住在巴勒斯坦以外各地的犹太人）间，正发生一种无民族限制的犹太一神教（原始基督教），这些哲学也表现了这一宗教向希腊—罗马哲学接近的运动。

纪元第二世纪的理智主义（Gnosis），把基督教和希腊、罗马的庸俗哲学，希腊的信仰结合起来，想靠所谓“精神化”，把基督教提高到旧约的宗教以上，提高到“贫穷的”教团的宗教以上，使他成为绝对的宗教。他们认为要获得真的智慧和救济，只有对于作为精神的基督教虔诚信仰才可能。例如，纪元 135 年从亚历山大来罗马的理智派的代表者发连廷诺（Valentijonos）说，万物的根源，是永远而未成的统一，是不可名状的东西，是深底，是完全的“暧蕴”（Aeon），这一根源从对爱的要求中产生精神和真理。由精神和真理发生理性和生命，更由理性和生命生出理想的人类和理想的教会。

纪元前二世纪中，又出来一批人，他们和理智主义不同，代表教会的基督教，对抗反对者的非难攻击而替基督教辩护，想证明基督教是理性的，是灵和自由和道德的宗教。他们中间的代表人物，有伊勒奈奥和特尔杜里安。到了纪元三世纪时，又有人想在教会范围内的内部，使宗教和哲学互相一致，做这个工作的是亚历山大的克列孟（Clemens，纪元 189—215）及其学生奥立格内（Onigenes，纪元 181—254）。尤其奥立格内，创出了有联络的神学体系、那和奥古士丁的体系并行的最重要的神学体系。

这样，希腊、罗马的庸俗哲学和原始基督教，就被融合，经过 325 年在尼斯开的教会会议，进到神学体系的建设了，就是说，原始基督教经过和希腊、罗马庸俗哲学的拥抱，必然作为一种宗教体制来成立。希腊、罗马世界，各民族的宗教已经自己解体，发生一神化的倾向，哲学一般地表现宗教化的倾向，原始基督教就是拿他们作为意识形态的地盘而成立的，实是希腊、罗马世界最固有的产物。

在罗马帝政下，奴隶所有者社会走到尽头了。当时罗马世界帝国的诸住民，是由诸要素及诸国民混合而成的三种社会要素所组成。第一种社会要素，是富人、贵族（大地主、高利贷），他们靠富的获得和富的享乐，去满足整个生活。他们在肉体的享乐中，饱满了自己。但同时，他们中间的一部分，受着社会的一般绝境和一般无权利性的约制，并不是在一时的肉体享乐中求安慰，而是在精神的快乐即哲学中，求安慰。他们的哲学，是“幸福”的哲学。他们想从“伊壁鸠鲁主义”、斯多噶主义、新柏拉图主义中，找出永远的幸福来。第二种社会要素，是自由民，他们急速地没落得到了高利贷的债务奴隶地位。第三种社会要素，是奴隶，他们没有解放自己的任何物质力。奴隶及零落的自由民，缺乏解放自己、救济自己的物质条件，遂向宗教的幻想中，去求解放和幸福。他们期望救世主降临，期望祝福的王国来到。因此，生出作为一千至幸福年国的“神国”来。

这个“神国”的宗教，就是还不知道“三位一体”，也不知道宗教仪式，也不知道教会组织，也不知道僧侣的原始基督教，和腐朽的贵族哲学，希腊、罗马的庸俗哲学相融合，经过尼斯的会议，成为世界宗教而定式化（在这会议中，采用了阿他那西〔Athanasius——基督教主教，纪元 293—373〕，所谓神和基督“同质”的学说），由皇帝君士但丁宣布为罗马国教。

看来，原始基督教，是因为罗马帝政下奴隶经济的崩溃，使得古代世界陷于濒死的苦闷而产生的，就是说，奴隶社会本身的矛盾，造成了罗马世界全体的腐朽、绝境，原始基督教，原是一腐朽、绝境、意识形态的表现。因此，原始基督教的成立和发展，意味了古代社会本身的没落及临终。随着基督教的成立，古代哲学遂闭幕。

第二部 中世哲学

第一章 经院哲学

第一节 封建社会和哲学

跟着古代社会的消亡，基督教的成立和发展，而哲学及科学的发展，遂完全陷于停顿状态。在古代社会消亡的废墟上出现的是中世封建社会。古代生产样式及古代日耳曼共产体崩溃的结果，中世封建社会发达起来，而且部分地形成日耳曼族和罗马帝国的社会经济诸关系的特殊综合。这一综合之所以实现，是收于日耳曼族侵入罗马帝国的结果。“强力的地主和隶属农民的关系，在罗马人方面，那是古代世界不可避免的没落形态。但如今在法兰克人方面，却是新发展的出发点。”①奴隶制已走入绝境、结局，罗马世界帝国，不能不因奴隶制而消亡。没落中的罗马，对于日耳曼族的侵入，日益无力抵抗，终于纪元第五世纪被征服了。

封建制度，绝不是日耳曼民族带来的现成东西，它的起源，

① 恩格斯：《家庭、私有制和国家的起源》，第149页。——原注

是从征服者方面在战争中的军事组织而来，这种组织到了征服后，受着被征服诸国已经存在的生产诸力的影响，才发展到原始的封建制度，在末期的罗马，因为奴隶制度走尽头了的结果，那些奴隶主的大土地，就从奴隶的单纯协业所做的大规模农业，移于小规模的耕作，地主把土地分成小块，交由纳地租的不自由农民（他们有些是零落了的自由农民，有些是从奴隶转变过来的人）去耕种。归根说，当古代生产样式崩溃中，农奴制的生产关系即已发着芽了。建在这一基础上的日耳曼人的统治，原已有着酋长家臣那样形式的军团组织，并以农奴的农业为其传统的生产，当然容易创出封建的土地所有。

罗马世界帝国之转化为日耳曼的罗马讲国家，封建主义的成立，主要杠杆是基督教会①。基督教因着纪元325年的尼斯会议，成了没落中的罗马帝国的意识形态之中心。它对征服者教以取高度的罗马生产技术为已有的方法，并且响导他们。于是基督教跟着封建主义的发展，使自己适应地（作为天主教）发展起来，拿着适应的教权政治的体制，君临了整个中世纪。这样，基督教就成了封建主义的意识形态之中心。

基督教（天主教）加强了封建诸侯的权力，使得封建诸侯的统治，如同罗马和拜占庭的皇帝，被认为教会所赋予、神圣所赋予的权力一样，也被作为神权来圣化了。就是说，教会拿封建主义的意识形态的柱石资格，用圣辉围绕着封建组织，拥护封建诸侯压迫农奴的地位，维持封建的统治，并且它还不仅是那种意识形态的柱石，且是整个中世的绝大世俗权力。因为中世的天主教会，除作封建主义的意识形态的柱石外，它自身还是有力的封建地主，一个最大的封建农奴所有者。从基督教会成立的当初，

① 麦林:《德国社会民主党史》,第33页。——原注

就和国家强固地结合着。它在拜占庭,当纪元八世纪时,即已领有约三分之一的土地,取得财政上并审判上的特权,辖属了广大的农奴。在西欧,自卡尔大帝以后,也是同样的状态。因此,基督教一天主教,做着封建制度的国际中心,无论经济上、政治上、文化上,它在中世社会都尽了决定的作用。从某种意味上说,中世的历史,就是基督教的历史。

因此,中世纪的一切意识,都隶属于这个封建的宗教,这是中世纪的决定的特征,这时候哲学和科学,只不过作教会的忠顺奴婢而已。这种情况,是哲学、科学的完全退步,是哲学、科学的死亡,所以后人呼整个中世纪为“黑暗时代”,并呼为“实现了的无理性时代”。

从这一点说,中世封建时代的世界观和文化,和古代世界完全对立着,比起古代世界的文化来,这是一个倒车。就科学发达看,这时完全停顿了,就哲学及艺术看,这时完全受宗教支配了。完全隶属于宗教的哲学和科学,本质上已经不配当哲学、科学的名称,所以说:“当这时代,科学只是忠顺于教会的奴婢,不许丝毫跳出信仰所定的范围,简单说,那纵然是什么,也不是科学。”

完全做了神学婢女的中世哲学的根本特征,就在于如下的情形:基督教会在中世封建主义下,构成封建统治的最本质部分,基督教的信仰,成了维持并强化封建诸关系所不可缺少的意识柱石。并且此等诸关系,根究起来,在中世封建社会的物质基础的封建生产样式中,有着它的根源。只要看了封建生产样式的诸规定,就明白中世哲学的诸特征。

封建的生产样式,说是农业劳动和手工业劳动的结合,但那时候的基本劳动是农业。古代世界从都市及小领域出发,相反地,中世却从农村出发。这时直接加入生产的,已不是奴隶,而是农奴的小农。在奴隶制度下,奴隶的身体,供别人作为劳动手段而所有着，他们用别人的生产手段去劳动，是非自由劳动者。但在封建制度下，直接生产的农奴，却不像奴隶那样，是直接供别人作为劳动手段而所有着的财产，他们还是神业要具的所有者。不过他们尽管是这样的所有者，却仍然非自由民，在封建大地主的诸侯土地上被经济外的强制所束缚。就是说，农奴因着人格的隶属关系，成了被牢缚在土地上的附属物。封建的生产样式，即劳动力和生产手段结合的样式，在封建诸侯的大土地所有，及封建农民承领的零碎土地的耕作中，表现着它的核心。它的特征是封建的自然经济，这一经济是基于封建地主使用超经济的强制，把农民的整个剩余劳动加以收夺，及农业劳动和手工业劳动相结合，来形成的。封建制度的基础，到处都建在自然经济上。封建的劳动形态，是劳动的自然形态，劳动是直接为了生产使用价值，且显现在人身的隶属关系上。如果说，跟同货币、高利贷资本异常成长而来的自然经济的奴隶制，是关联于“市场衰落”的，那么在这个奴隶制废墟上成立的封建制，是更向自然经济方面倒退的了。

但是，跟着封建制度的完全发达，同时又来了都市中的对立。照应这基于自然经济的土地所有的封建编成，都市中也有着组合的所有，即手工业的封建组织。这组织就是基尔特、工匠及徒弟的关系，在这里发展着。因此，都市中也成立了和农村中类似的教权制度。

归根说，封建时代主要的所有，构成于如下的两方面：一方面是根本含有农奴劳动的土地所有；他方面是含着支配工匠劳动的小资本自己本身的劳动。这两者的编成，受那被极限了的生产诸关系——粗笨的小土地耕作及手工业的产业——制约着。这样的讲关系，表现在一切人的人格隶属的关系中，如奴隶和领主，家臣和封建诸侯，俗人和僧侣。所以说，我们在中世纪，看见“封建诸侯、家臣、基尔特、店东、工匠、农奴”等社会集团，这时的对立，“领主和农奴，基尔店东和工匠”[①]。

但是，这以自然经济为基础的封建的生产诸关系，其后因为都市手工业及商业的发展，商业资本的成长，渐次完成了解体的变化。由于商业及工场手工业发达，形成了都市布尔乔亚，布尔乔亚随同商品生产及资本的发达而成长起来。那从身分的资本发展起来的中世商业资本，转化为产业资本时，布尔乔亚的生产关系，就成为支配的生产关系，封建的自然经济就被颠覆，封建社会就变为资本社会。但是，这种转变，要经过社会诸集团间的对立和斗争，才实现出来。因此，我们从黑暗时代的整个中世纪中，一方面看见野蛮黑暗强制的诸关系，他方面也看见对抗它们的自由布尔乔亚诸关系的发展，看见生产力的发展。

所以，我们在这里，第一，把中世哲学的发展，分为两个时期。第一个时期，是封建制度确立和发展的时期，是各都市在封建社会内部发生的时期，这时期正是“神学的忠实婢女”经院哲学成立和发展的时期，也是它往后就开始动摇的时期。第二个时期，是自然科学随商品生产及资本发达而勃兴、唯物复活的时期，文艺复兴及宗教改革，正属于这时期，同时也是整个中世纪闭幕的时期。

第二，能够明了中世哲学是什么社会要素的哲学。中世处于支配地位的哲学，虽然大概是封建地主的哲学（经院哲学），但到了后期，却出现着都市市民（自己形成中的布尔乔亚）的哲学，这就是商业资本、产业资本的哲学。一般地说，一时代处于支配地位的哲学，就是该时代支配的社会要素的哲学，因为凡在社会占着支配的物质力地位的社会要素，同时也必然在社会占着支

① 马克思：《雇佣劳动与资本》，第 103 页。——原注

配的精神力地位。因此，我们从中世哲学的发展中，看见封建地主哲学的支配，也看见都市资本对抗这一支配的斗争。但是，这里有我们必须注意的事：农民对于封建地主，他是敌对的要素，他和都市劳动者，同是覆灭封建制度的物理力供给者，可是他却不能单独地负起这个任务来，这是第一点。同时，都市资本（自己形成中的布尔乔亚）的利害，在现实上，是和其余一切非支配的社会要素的共通利害关联着，因而资本在对抗惟一支配的社会要素上，表现为全民众的代表者，可是这个斗争的开始，仍是在封建意识的范围内进行的（例如洛泽、培根），这是第二点。

第三，中世封建社会，把它自身的矛盾的扬弃者（布尔乔亚），在自己的胎内孕育起来，从这一点上，看见中世哲学和古代哲学的区别。中世哲学在更高级的哲学（布尔乔亚哲学）中，被否定地发展、提高了，换一句话，就有了直接的后继者、发展者。但是古代哲学却相反，它因着古代生产样式本身的特质的矛盾，因着古代生产样式走到绝境，不能发现自己的直接后继者，简直没落于宗教（基督教）中了。

第四，理解封建社会的生产力发展的低度，以及因自然经济而生的认识上的中世纪界限、哲学上的中世纪界限——宗教支配、宗教观念、迷信一般化、科学退步。但是，这个中世纪的界限，却与古代的界限不同，它因着生产力的发展，自然经济的崩溃，被突破了。

第五，封建制度比起奴隶制度来，是更向自然经济方面的后退，从这一点上，理解中世纪的世界观、哲学，完全和古代世界对立着，比起古代世界的哲学来，它是一个倒车、退步。

第六，关联着上面的情形，理解古代哲学是从结合自然科学研究的自发的唯物论（辩证法）出发，经过唯心论、宗教的唯心论，告终于宗教之中，而中世哲学的发展法则，却完全相反。中世哲学的发展，不是采取着唯物论——→唯心论——→宗教的历程，相反地是采取着宗教——→唯心论（经院哲学）——→唯物论的历程。这种情况，是从中世社会和古代社会的构造根本不同而来的。古代世界从都市及其小领域出发，中世则从农村出发[1]，古代世界有着生产力发展的古代限界，中世则能把自己提高到更高的阶段——资本主义社会。

第七，从根本上理解中世哲学，封建地主的哲学，为什么是“神学的婢女”。在以自然经济作基础的封建社会，一般说，作为科学看的哲学，不会有其独立性，并且宗教在中世纪，构成了封建统治的最本质部分，做着维持并强化封建主义所不可缺少的意识形态的柱石。因此，哲学做了宗教的奴隶，做了神学的婢女。

封建社会的宗教（尤其被封建地组织了的基督教即天主教）之物质基础，存在于封建制度的特质中，即是存在于自然经济和经济外强制的中间。自然经济，意味着生产力低下，世界认识狭隘，所以，一般地，不会有科学认识的发展。加以当对的封建束缚，使得人们的生活更狭隘化。于是种种落后的宗教迷信观念（精灵说的、咒术的、自然崇拜的诸观念），及追求幻想的幸福的宗教观念（天国的思想），一般地支配着人们的意识。此外，另一方面，经济外的强制，须要权力神圣化，权力绝对化，于是地上的权力，便不能不由神力来圣化。因此，基督教（天主教）遂成立，它创说神是超越人类的，具有绝对的彼岸性，把种种迷信的精灵说的表象，统行混合起来，并且它自己还有封建的教权政治的体制。

这个封建的基督教之天主教，日益强固地保持自己的权力。

① 参见马克思，恩格斯：《德意志意识形态》，“一、费尔巴哈”。——原注

第一，技术发展低下的封建自然经济，支持着一切奇迹和宗教的咒术的世界观在人们中取得的信仰，加强了僧侣的力。第二，以前就拥有农奴所住的领地的教会，也和别的封建领土一样，把对于农奴的私有权力，和国家权力结合起来，成了封建王侯。第三，教会有教皇作中心的统一组织，它对于俗界分裂着的封建领主，拿破门[①]的手段威胁他们，确立了自己的优越地位。所有这些情形，结果使得中世的哲学、科学、艺术等一切文化，不能不隶属于宗教、神学、教会。

这样，古代哲学的伟大成就之唯物论及辩证法，这曾在古代作了希腊商业资本对地主贵族斗争的意识形态的东西，既消沉于古代奴隶制的矛盾尖锐化中，更在整个中世期间，失了踪影。要它复苏过来，定要等到商品生产和资本的发达，造成中世封建关系的动摇时。

第二节　经院哲学

所谓"教父哲学"，是衰灭了的罗马世界固有的产物，它以希腊、罗马的庸俗哲学作酵母，努力于原始基督教理论的体系化。它融合基督教的信仰和希腊的唯心哲学，拿希腊、罗马的唯心论的概念和方式，渐次完成基督教的学说体系——教义学。关于这一点，已在第一部第四章第四节内说及。

继教父哲学而起的"经院哲学"，想把奥古士丁所曾一度完成的基督教哲学（神学），依据亚里士多德的哲学，从各点上加以准备并体系化。神学婢女的经院哲学的任务，是用逻辑法来"证明"宗教的教义，给它以理论的基础，可是它的逻辑，实系三段论

① 今通译为拿破仑。——编者

法的"牵强附会的秘术"。它不过卖弄口头的诡辩，强作形式上小小差别，在这些方面，提起注意而已。因此，经院哲学就在依据亚里士多德的哲学时，实际也用极端形式主义的精神，歪曲了亚里士多德的哲学。亚里士多德的"客观的逻辑学"，一到经院哲学者手中，就变成不灵的"形式逻辑学"了。经院哲学抹杀亚里士多德的活的方面，反把它的死僵方面永久化[1]。就是说，亚里士多德虽然到处都把客观的逻辑学，弄得和主观的逻辑学混淆，但却也到处表现"客观的逻辑学"，提起关于辩证法的重要诸问题。经院哲学就不然，它抛出亚里士多德活生方面的唯物论及辩证法，仅只采取死僵方面的形式逻辑学。

一、奥古士丁[2]

他在纪元 354 年生于努米第亚的塔卡斯特，他后来做了基督教徒，从事于替基督教建立哲学的基础。他的哲学意见，已不配哲学的名称，全是宗教的东西。但他对于后来的经院哲学，却给了它一个基础，这点不可看漏。不过这里指出这一点，也不是说他的学说，还有多少的哲学价值，那实在算不得是"哲学"。因为他的出发点，原是宗教的内在经验的自证，并不是哲学的思维。他说："我想认识神和灵魂，这以上还想不想呢？完全不想。""不用往外走，你回到自己本身去。人的内部，正是真理的家乡。"奥古士丁的思想，实是罗马没落，被日耳曼人作破坏的侵入时的产物。

二、初期经院哲学者

"经院哲学"（亦译烦琐哲学）这名称，起源于教授它的学校原名，是教会附设的学校。经院哲学想把基督教会的教旨，作为

---

① 参见恩格斯：《社会主义由空想发展为科学》。——原注

② 奥古士丁（Aurelius Augustinus，354—430），今通译奥古斯丁，古罗马基督教思想家，教父哲学的主要代表。——编者

讲坛的学问体系来建立。

约翰·埃璆基那，亦名约翰·史可杜(Johans Erigena od. J. Scotus，纪元801—877)，他拿新柏拉图主义的神秘主义见解，把自然认做神的开展体系。坎塔伯力的安瑟姆(Anselmus von Canterbury，1033—1109)，他认为信仰应该先于认识，然后自当向认识去努力。他说："为知而信。"他又曾用本体论证明神的存在。人们呼他为"经院哲学之父"。

佩特鲁·亚伯拉杜(Petrus Abaelardus，1079—1142)，他是经院哲学家中的一种启蒙家，和安瑟姆采取反对的立场。他认为权威只能提供假的代用物，构成论证的是理性，《圣经》的语言不是奇迹。他说："先知后信。"他因为这个学说，曾受到了两次判罪。因此，他终于屈服了。他又对于普遍和个体，作过如下的考察：普遍存在于个物中，各物的形象已作为概念存在于神的精神中，人类只有在被以它们为模范而创造出来的诸物中，才能用自己的悟性去认识它们。结局，他仍不过是个想替教会的教义作辩护的经院哲学家。但是，从他尊重理性的当中，已经看见十字军时代，开始出现的那些以都市为中心的产业发达之反映。

三、其后经院哲学的发展

当纪元十三世纪时，因着阿拉伯哲学者的介绍，整个亚里士多德哲学获知于世，亚里士多德的希腊语原文，也获知于世。由于这个原文译成的拉丁语，那想拿亚里士多德哲学做典据，把经院哲学体系化的风气，非常盛行。结果，亚里士多德被呼做"第二个洗礼者约翰"，被呼做"自然事物中的基督之先驱"。不消说，亚里士多德在这里，是被作了基督教的歪曲的。

波西特的阿伯杜(Alberdus，1206—1280)，他是开始而且成功地对于经院的思索，给与亚里士多德的转向的人。他在自然事物方面，从亚里士多德，在信仰事件方面，从奥古士丁，在医学方面，从贾列诺和喜坡克拉底。

托玛斯·阿奎那（Thomas Aqujnas，1225—1274），他更修改亚里士多德哲学，使它不为害地被编入基督教的教义中。他基于被改得与基督教无损了的亚里士多德主义，驳斥德谟克里特、恩白多克列、阿那克沙哥拉及阿拉伯唯物的亚里士多德主义者（用他的话说，“异邦人”），辩护天主教的信仰。他虽然依从亚里士多德，也认为个物的、个别化的原理，存于实料由形象所限定的这点上，但他的用意，却在证明绝对形象的神。因此，在他看来，人类的学问，无论怎样说，结局一切都只是神学的婢女，自然不过是恩惠的一个先驱。他为了主张神的存在，设出五个后天的论证，代替安瑟母的本体论的证明。他在经院哲学中，代表了主知主义（Intellectulism）。

反对托玛斯的主知主义的人，是顿·史可图。他认为“意志比知力处于优位，意志是灵魂的根本力”，这样地主张反主知主义，把神学和哲学，信仰和知识，互相对立化，开端了神学和哲学的分离，信仰和知识的分离。因此，可以说：顿在这想把神学和哲学、信仰和知识，置于相互补关系上的经院哲学方面，是表现它的崩溃端倪的了。因为这替基督教会的教义奠哲学基础的经院哲学，到此已不能不放弃自已的意图了。这种情况，意味着经院哲学的动摇开始。我们再到第四节及第二章内，去看经院哲学在封建社会诸矛盾的发展过程中，遭遇剧烈动摇的情形。

总而言之，十字军（1096—1291）的结果，带来产业的巨大发展，都市兴盛，使得封建制度发生动摇，第十三世纪中经院哲学内部的主知主义（用亚里士多德哲学来体系化经院哲学）和史可图的反主知主义的对立，正是表现着封建制度动摇的开始。

第三节 阿拉伯哲学

已经说过，古代希腊哲学的世界观，是自然发生的唯物论及自然发生的辩证法（德谟克里特把这一唯物论作为机械的唯物论，达到了古代的先成；亚里士多德探究了辩证法思维的最本质形式）。但是，这作为自然发生的唯物论及辩证法的初期希腊哲学，虽然把现象总体的全般性质、运动、推移、关联，作了正确的把握，却还不曾充分地说明构成总体的个别。因此，必须先把自然的历史的材料，汇集到某种程度，这正是自然科学和历史研究的任务。自然科学的研究，个别科学的研究，固然从德谟克里特到亚里士多德的时代，已经开始了，可是这从哲学中分出来的个别科学之自然科学，“精密的自然研究，是由亚历山大时代的希腊人开其端，到了中世才由阿拉伯人发展起来。”[①]

不消说，阿拉伯人在中世纪发展起来的自然科学研究，比起近代自然科学来，那只算得散漫无联络的研究[②]。但是若和当时的欧洲相比，那却又表现着显著的进步。

阿拉伯各国，从八世纪到十一世纪，无论经济上、文化上，都是当时进步的国家。阿拉伯的学者，在数学、天文学、物理学、化学、医学等方面，都有许多重要的发现。他们对于实际的自然认识、天文学、数学，虽是粗糙的形态，但对于实际的化学及医学，却和阿拉伯沙漠居民及商人等的生活，紧密结合着。这就是说，当西欧基督教各国，还深深地睡在野蛮下时，阿拉伯各国，即已完成了显著的科学进步。

在自然科学研究的这种基础上，阿拉伯各国的亚里士多德主义哲学发展起来。这一哲学的代表者，有亚微瑟那、亚微洛伊

---

① 恩格斯：《社会主义从空想发展到科学》。——原注

② 恩格斯：《自然辩证法》。——原注

及犹太人亚微瑟布伦、迈摩尼德。这些哲学家,谁都研究、注释亚里士多德哲学,把他的学说,在自然主义的泛神论精神下发展起来。因此,他们不少受了回教正统派的危害。阿拉伯的这一亚里士多德主义哲学,在无理性时代的中世黑暗中,要算一盏燃着的明灯。

一、亚微瑟那(980—1037)

亚微瑟那(Avicenna,本名 Ibn Sina)是医生兼哲学家,住在波斯时间多。他的哲学,非常近于纯粹的亚里士多德哲学。他说普遍概念,在神的悟性方面,它先于个物,在自然事物方面,他在于个物中,在抽象概念方面,它在于个物后。他又认为世界及质料,是永远的东西,且是依从严格的自然必然法则的东西。他的心理学,极有着经验论的特性。这样,亚微瑟那对于亚里士多德哲学,保持、继承了他的唯物论要素。因此,他的学说,受着当时回教正统派的教义家所谓 Mutakallimun(辩论者)的攻击。

二、亚微洛伊(1126—1189)

亚微洛伊(Averoes,本名 Ibn Roschd)在 1126 年,生于科德瓦的贵族家庭,一身而兼神学家、法律家、医学家、哲学家,曾一时做过审判官,接着又做过回教国王的御医,但因自由主义思想的问题,终被王家所放逐,1189 年死于摩洛哥。

他完全是个亚里士多德主义者。在他看来,亚里士多德是"举其所得而知的范围内的事,为了我们要知道,由神的摄理来给与我们"的人。并且,亚里士多德还是"(自然中的)规则,并是自然为了提示最高的人类的完全而构想出来的模范"。亚微洛伊这样完全立脚于亚里士多德哲学上,否定个人的灵魂不灭,承认物质的永久性。他认为形象早作为萌芽的实体,存于质料中,存于邈古即有的质料中。形象从这种质料中,因更高的形象的影响,开展而成现实感。个人的灵魂,结合在他的肉体上(脑的中央)，因而是可死的。

因此，亚微洛伊以最后杰出的代表者，把阿拉伯的亚里士多德主义哲学的成果，总括起来了。他的功绩，就在于强调亚里士多德的唯物论方面，述说物质的永远性，否定个人的灵魂不灭，普及科学知识，因之做了基于理神论的启蒙思想的先驱。因为他的许多著作，被译成了拉丁文，他的这种思想，遂传于西欧，尤其法兰西(巴黎)及意大利，由此给了经院哲学以破坏的作用。这一点，正有着亚微洛伊在哲学史上的重要意义。

三、亚微瑟布伦(1020—1070)

迈摩尼德

亚微瑟布伦(Avicebnon 或 Avencebrol)，是阿拉伯的犹太人哲学家。他想融合犹太教和亚里士多德哲学，认为神的意志，那创造世界的神的意志，是生命的根源，又是神和人类间的中间存在者，神之外存在的东西，都是质料，物质的或精神的质料。他的这种思想，给了经院哲学家尤其顿·史可图很多影响。

迈摩尼德(Maimondes)，是和亚微洛伊同时代同乡土的人。他对于因研究哲学而失掉信仰了的人们，想指示他们如何才能由学问的途上，再获得信仰。他在学问方面，依据亚里士多德，在宗教方面，却想靠启示去限制亚里士多德的神威。但是，他对于《圣经》中和理性矛盾的地方，主张应作寓言解释，从这点说，实是合理主义。迈摩尼德的这种合理主义，当时曾受正统派拉比(犹太教学者)严重攻击。迈摩尼德的这种思想，和亚微瑟布伦同样，对于当时基督教的经院哲学，给了许多影响。

第四节　经院哲学的动摇
——洛泽·培根及唯名论

经院哲学的动摇和崩溃的最初表现，在顿·史可图的学说中，已经看得见。史可图的学说中，有着经院哲学的分裂，即是有着作为理论科学的哲学和神学的分离，知识和信仰的对立。受了数学的自然科学的教养的他，把神学和合理的思维加以区别，想因此确保科学的自然研究所应有的自由。他对于“论证”方面，比先于他的任何经院哲学者，都要求更严密的科学性，不仅认为教会的每个教义不能用理性证明，就是世界的创造时间及灵魂不死之类的事，也认为不能用理性证明。他问“为什么非物体的东西，也不能消灭？”他说这不能证明。归根说，就是要合理的思维、科学、哲学，脱离神学而独立。但是，他这样划定严密科学的固有领域，绝不是否定神学，否定宗教的意义。相反地，正想由此替神学、宗教获得崇高不可侵犯的世界，因而防卫、强化着宗教、神学。他的主意(Voluntarim)主义，具着这样的意义。从这点说，他和主张“为了给信仰一个地方，不能不除去知识”(《纯粹理性批判·序文》)的康德相似(当然两者不同)。

史可图学说中表现出来的经院哲学的动摇，其后到了洛泽·培根及奥坎的威廉(唯名论)更加剧烈，终因第十五世纪及第十六世纪中的自然科学勃兴、唯物论复活，完全崩溃。

究竟十三世纪中开始的经院哲学的动摇，如何发生的呢？那在十字军以后的产业巨大发展，及封建制度因本身的矛盾发展而起的动摇、衰颓中，有着物质的基础，

从纪元1096年到1291年的“十字军”，确是中世基督教会的权力强大化及极兴奋的宗教热的结果，但反过来，“十字军”的结果，也使宗教衰微，教会权力衰颓，封建制度动摇。十字军，一方面确具着武装的宗教巡礼的意味，他方面也表现对封建压迫的不满，战胜的希望，事业的商业要求，以及获得更广大市场的要求。“归根说，十字军的时代，是表现经济变革开始的时代”(Ashley, Early European Civilization)十字军的第一结果：从军

者接触了比西欧文化更进步的拜占庭文化及阿拉伯文化。他们从君士坦丁堡，转入许多古代文化遗产于西欧。固然就阿拉伯文化说，他们因为宗教的偏见，不能直接吸收它，但阿拉伯哲学、科学的成果，却由第十二世纪到第十三世纪，经过西班牙的回教国及西西里岛，移入欧洲去了。结果，亚里士多德主义及自然科学的精神，在那里散播种子起来。欧洲商品生产的发达，培养了这个种子的发芽和成长，因之经院哲学遭到动摇和破坏。十字军第二结果：封建贵族零落，大都市兴盛，“第三阶段”形成并成长起来。这种情形，根本是由于生产力发展，工商业发达，货币经济发展。这时代，事实上因着商业的蓬勃发展而金货、银货的使用，已经一般化，并流行了国际铸货。十字军在这时候，开发了和东方诸国的交通，使交换关系在更广大的范围内发达，替经济发展造了机缘，这点很重要。就是说，十字军的时代，是社会经济的变化开始的时代，因之封建社会基础的自然经济，在封建社会的发展过程上，渐为货币经济所代替，封建的生产——为着使用价值的生产——被商品生产所驱逐。于是大都市兴盛，商业资本确立起来。

这样，中世纪的许多商业都市，“特别在十字军的期间中成长起来了”。北部意大利诸都市（威尼斯、热那亚、佛洛连萨[①]），西欧北海岸诸都市（安特卫浦、汉堡）等，即是其例。跟着分工的发达，商业的发达，都市的成长，而中世资本——身分的资本，发展为商业资本形成商人的特殊阶级。因着商业的发达，现出生产和交通间的交互作用，各都市相互间联络起来，地方的限制渐归消灭。同时，极慢地，渐从各都市的市民团，生出市民阶级（所谓“第三阶级”）来。各都市分工的结果，使得各种工场手工业发

① 今通译为佛罗伦萨。——编者

生。工场手工业，是从基尔特出生的生产部门，它和基尔特对立，不受基尔特束缚。因着工场手工业出现，生产关系便发生显著的变化。商业和工场手工业的扩大，促进动产资本的积蓄，由此遂造成大布尔乔亚。

产业和商业的这一发展过程，是封建制度渐次崩溃的过程，是基督教(天主教)教会衰微的过程。但是，这还绝不是资本主义的生产关系，跳上了支配地位，教会的权力，还依然存续着。这时，工场手工业虽已渐渐出现，产业资本却还没有确立起来。可说这是商人资本(商业资本)的成长时代。"商人资本对于封建的生产样式，给了一个破坏的作用，商品交换愈多发展，货币的力量愈大。"[①]因此，"封建社会中的新生活，跟着第十四世纪、第十五世纪、第十六世纪的变革力的商人资本出现，新的见解抬头。"[②]就是说，非宗教的自然认识、合理的思维、个人主义、自由思想，表现出来了。因此，我们踏入第十五世纪到第十七世纪的文艺复兴时代，自然科学勃兴时代。

十字军以后三世纪间，产业的巨大发展过程，同时就是商业资本的成长过程。产业的发展，促进自然科学的研究及其发明，又规定产业更发达。因此，第十三世纪以后，产生了许多发明。

第十二世纪——车辆发动的时钟、磁针(由阿拉伯人传欧洲人)、巴黎的铺路石。

第十三世纪后半期——眼镜、玻璃镜、水门、报时响钟、绵制纸。

第十四世纪——波罗纸、汇兑、最初制纸工厂。

第十五世纪——街道照明、邮政、木版及印刷、钢版雕刻、骑马邮信、附调带的钢琴、时表、气枪、枪的止放针，其他。

① 麦林:《德国社会民主党史》，第 450 页。——原注

② 麦林:《德国社会民主党史》，第 42—43 页。——原注

1530 年——纺机。

1536 年——钟形潜水器[①]。

那么,我们所考察的问题,从十三世纪到十五世纪中经院哲学的动摇和没落,实因上述商业和产业的发达,自然科学的研究及其发明的结果,必然要到来的了。

一、洛泽·培根

经院哲学的动摇,到了洛泽·培根(Roger Bacon),更呈现明显的形态。他在中世哲学中,完全占着独自的地位。韦梗·杜林在其哲学史内,并呼培根为"中世惟一的哲学家"。他和顿·史可图同是英吉利人,且曾做过 Rancian 派的修道僧。他生于 1214 年,曾在奥古斯浮特及巴黎研究学问,特别献身于数学及自然科学的研究。在他以前,已有英吉利人罗伯·革罗斯底士特(Robert Grossteste,1175—1253),著过许多关于数学自然科学的论文,把世界作过几何学的机械的说明。培根把这倾向更加发展,给世界以更进一步的自然科学的说明。

他是当时最大的自然科学家,从他的自然科学的见识看来,无疑地是站在时代的前面。他构想出来一种扩大镜,知道火药的效果,作了关于光线曲折及视力的观察,正确地观察了太阳和月亮的大小。又曾进行历史的改良,并作过化学上的诸发现。最后,他对于世界各国,还作过地理学的详细说明,算定世界的大小,支持了世界球形说。结果,他结论出亚洲东海岸和欧洲间的大洋,并没有那样宽大,这对于后来哥伦布的远征,给了一个刺激。

他的思想的特征,就在于和经院哲学的方式相反,坚决要求从实验和观察中获得事物的科学知识,他理解实验方法的本性

① 恩格斯:《自然辩证法》。——原注

和应用，认为实验科学是获得知识的惟一方法。他说：“假若没有这，那就一切的科学，将纯粹和思辨的科学一样，用议论去证明单纯的结论，或得着普遍而且不完全的结论了。只有实验科学，能够验出受自然影响的东西，从技巧来的东西，从诡计来的东西。只有它，如同逻辑能够试验议论一样，能够裁判一切魔术者的愚笨。”像他这样承认实验科学在自然方面的重要意义，无疑地实是当时“值得惊叹”的事情。从这点看，他和当时的经院哲学者们，完全有分别。培根的哲学，也立脚于亚里士多德哲学，这是事实。他尊重亚里士多德，其次就是重视解释亚里士多德学说的阿拉伯哲学家亚微瑟那。他从亚里士多德学得的部分，是其唯物论的要素。在他看来，归到经验的事物本身去，甚为重要。从这点看，他和当时仅高扬亚里士多德的概念方面、唯心论方面的经院哲学家，全处于反对立场。所以，他批评经院哲学家托玛斯说：“托玛斯不理解希腊语，也没有数学、物理学的知识，编写了很多关于亚里士多德的书。”在培根看来，世界充满着先入之见，如权威、习惯、空言、缺乏自我批判，即是其例。他认为学问常和无教养而顺从习惯的大群人斗争，在这斗争中慢慢地进步，它的最凶敌人，就是那种以为学问已经完结的见解，崇拜权威，常常依附名人的事情。人定要学习关于源泉的东西，所以，若真想努力知道自然，那就非用物理学及天文学的机械去研究不可。这样，他便和经院哲学者们相反，首先坚决地要求从经验来的认识，要求实验科学。照他说，最完全的学问，高于万学之上的女皇，就是“实验科学”。无论什么魔术，也不能变更自然的过程。

从上述培根的思想中，可以看出哲学和科学对宗教和神学宣布独立的明显发端。他的哲学，是十六世纪及十七世纪的经验论和唯物论的先驱，他的自然科学，预示了十六世纪自然科学勃兴的黎明。他因为这一进步的科学思想，差不多终生都在受难，曾被修道院处罚监禁十年。培根的这一思想，根本上是当时商业及产业的发展、自然科学的研究及其发明、发现来规定的。因为当时人们对于自然及现实的感性的事物，作具验研究的热心很大，所以规定了培根思想的产生。他的哲学，反映着社会的进步要素，它之不容于保守的封建权力，自是当然的事。在他的哲学出世中，经院哲学虽呈现着最初的破坏的动摇，但绝不是因此就崩溃了。经院哲学这一破坏的动摇，是当时社会发展的反映，当时社会发展阶段，还没有造出使得经院哲学完全崩溃的历史社会的条件。封建的基督教——天主教——独裁的崩溃，经院哲学的完全没落，是新的科学的世界观，因十六世纪以来的资本主义发展而完全确立后的事。

因此，培根尽管具着实证科学的思想，却不能破坏经院哲学，不过把经院哲学的基础构造，打坏两三根柱子，使它动摇而已，这是他那时代的制约。所以，他在一方面，身心都还是教会和经院哲学中的人，结局，他的哲学，当然不能跳出经院哲学的范围。他的实证科学主义，没有贯彻为唯物论的世界观。那是很不彻底的东西，可说他在那上面，支持着教会的权威和宗教的信仰。据他说，除了用人类的科学能够认识的自然的因果性外，还有超自然的创造者神的因果性。除了外的经验外，还有受着神的灵感的内部的经验，它的顶点，就是 Ecstasy(脱魂)。更高的理性，只有靠神力才可能。因此，教会被当做权威。在教会看来，信仰是第一的东西。

我们从这里，看出哲学(认识)的中世限制。

二、唯名论——威廉奥坎(1300—1350)

中世经院哲学内部的反经院哲学的要素，就是唯名论。唯名论的问题，关联着所谓“普遍的论争”。“普遍的论争”，就是争论亚里士多德哲学中的"类概念"即普遍,究竟是作为现实即实体而存在的呢?仰仅存于我们的思考中呢?他们究竟是物体呢?抑非物体呢?是脱离感性事物而存在的呢?抑附于感性事物中而存在的呢?归根说是说:究竟普遍的概念是实在的东西呢?抑感性的个物是实在的东西呢?唯心论、教会、神学等倾向,在中世一切经院哲学者中,本是共通着的,可是因为关于上面那个问题的意见不同,他们就分裂成实念论和唯名论的两大阵营。依实验论者(那不是实在论者)的主张,类概念(普遍)从时间上说,从位次上说,它都是根源的而且是实在的东西,因而是真的东西,是在个别的感性事物以前,就存在于神智中的真的实体,个物仅是它的单纯属性,偶有性。就是说,普遍先于个物而存在。唯名论者却和这相反,他们认为类概念(普遍)只不过是人类为了表示类似者而作出的"名",不过是悟性的抽象物,真正存在的是个物。就是说,普遍存在于个物后。不消说,经院哲学传统的根本立场,乃是实验论。

作为反经院哲学的要素看的唯名论,起初在经院哲学中出现的,是十一世纪末期(1090 年时)的罗塞林那(Roscelinus)。罗塞林那曾在昆比叶纽讲学,他极整饬地完成唯名论,叙说个物上的部分之区别,是一种徒供人类把握和传达的任意分割。他又说,"色自体不存在,存在的只是有色的物体","智慧自体不存在,存在的只是有智慧的人"。罗塞林那因为这一唯名论的关系,在 1092 年,被索亚逊的教会会议,宣告处刑,强制撤销他的学说。唯名论直到十四世纪再出现为止,中间销声匿迹了一个长时期。

唯名论到了十四世纪,由威廉奥坎(William Occam)复活起来。可是与其说复活,不如说作为更确实的东西成立了。在罗塞林那的时代,唯名论可以永续而且确固地成立的物质的社会基础，本来还没有充分地造成，它是跟着商业资本的发展，才确固地成立的。

威廉是英吉利人，奥坎是查理伯爵领地的一个域邑。他是“法兰西斯科”派的人，受过史可图主义的教养，在巴黎的教会供过职。当时正爆发了教皇权力（波里法杜十三世）和世俗权力的抗争，他在这一抗争中，断然站到后者方面去。因此，他遭受教皇的压迫，逃到贝宜隆人路特维喜那里去。其后于1350年，在闵亨地方害鼠疫而死。

他反对那多少是柏拉图主义的传统经院哲学，基于所谓“真正的亚里士多德”，主张“只有个物是实在的东西”。这里，十三世纪中，由阿拉伯哲学者传播于西欧的亚里士多德唯物论的种子，发芽并成长起来。据他说，普遍的概念，只存于从事思维的精神中，并不作实体的存在，我人的概念，不是物的真实模写，而是物的记号。物“自体”——例如人类“自体”，决不存在。他是这样站在经验主义的立场上的。那曾由顿·史可图表现出来的神学和哲学的分裂、分离，在威廉的手中，达到了最高点。依他看来，尽管神的存在和神的性质，也是不能用理性证明的，那充其量不过能获得从类比推理来的或然性而已。依他看来，神学早已绝不是学问。

因着威廉的唯名论出现，经院哲学的动摇更厉害起来。他的唯名论，明白反映着商业资本的发展。商业资本的发展，造成封建制度的动摇，封建制度动摇的结果，经院哲学发生动摇，经院哲学的动摇形式，最明了地表现于十四、十五世纪的唯名论成立和发展，以及神秘主义成立和发展中，前者以威廉为首，后者是对抗唯名论的，以厄克哈特（Meister Eckhart，1260—1327）为首。经院哲学在这里，自己分裂起来，从社会的发展过程中——商业及产业的发展过程中，奔驰于崩溃的道路上。

把经院哲学牵入于破坏的动摇中的唯名论，是商业资本发展的产物，是反映社会的进步要素的东西，关于这种情形，我们将在下面阐明出来。

教会和国家的斗争强烈地动了该时代，奥坎在这斗争中，断然站在国家（国民）方面，反对教皇的权力，前面已经说过。结局，他主张政教分离，认为负责一般的安宁秩序的，属于国家的性质。因此，他想从封建大地主的教皇（及教会）手中，剥夺其世俗的政治权力。这一事实，意味着他的思想，毕竟是商业资本的反映。因为近代国家，虽是经过国家对教皇的斗争来形成的，但这毕竟是商业资本发展的结果。都市的发展，工商业的发达，商业资本的成长，所有这些过程，就是市民阶级及国民的形成过程，教皇在这种过程中，丧失其绝大的世俗权力，教皇的教会，不能不动摇，不能不衰微。跟着商业资本的发达，跟着商品生产对自给生产的驱逐，“都市成为它所支配的地域的精神生活的中心，于是国民的语言，一面开始驱除中世纪教会的普遍语言之拉丁语，他面开始驱除农民的方言。同样明显的是：国家的统治，不能不适应这样的经济组织，同时，君主在他具有权力的地方，不能不强化其权力”。[1] 这样，君主的权力提高，政治开始脱离教皇及教会而独立。因此，“一切行政上及军事上的权力手段，总揽于一手的绝对君主制，就成了一个经济的必然”。这一绝对君主制，尽管对于农民、手工业者、贵族及僧侣（教会），如何强化，却绝不是比资本站得更高的东西。“相反地，那种权力，基于货币者比基于地主者越多，它依存于资本者越大。”[2]当奥坎的时代，英吉利及其他地方，实际上已经开始这样的过程。因此，我们在这里，对于站在君主国家方面反对教皇权力的威廉奥坎，明

① 麦林：《德国社会民主党史》，第 43 页。——原注

② 麦林：《德国社会民主党史》，第 44 页。——原注

白地理解了他站在什么社会的政治的立场上。

关于他的唯名论，我们也看出同样的关系。认为只有个物（个别者）是真正的实在，普遍者仅是单纯抽象物，仅是“名”的唯名论，实是基于工商业发达（即商业资本的发达）的社会生活及政治生活而成长的个人主义成长的反映。人类的个人，工商业的个人，对抗着神的普遍者而出现了。再就唯名论中的经验主义、实证主义说，这也和培根方面一样，是因着商品生产发达，高度地关心于自然科学研究，关心于具体的现实的感性事物（个物）的研究之结果。

“唯名论，一般说，是唯物论的最初表现。”唯心论的经院哲学，跟着生产发达，社会发展，渐把唯物论的要素，采入自己本身中，结果，遂引起自己的崩溃来。

唯名论虽是唯物论的最初表现，但同时，我们要注意它所受到的中世限制，即是要注意它那不彻底性的唯心论方面。唯名论也同培根一样，绝不能跳出经院哲学的圈子，可说它只是经院哲学内部的一个反对意见而已。诚然，它作为那样的反对意见，作为经院哲学的部分否定，把经院哲学引进破坏的动摇中了，但是，经院哲学，绝没有被唯名论决定地破坏。威廉认为神的恣意及其丰富的力，是无限制的，看来，他依然是个经院哲学家。

要经院哲学完全崩溃，不能不等待资本主义生产关系的发达。

第二章
自然科学勃兴及唯物论复活

第一节 文艺复兴和宗教改革

十四、十五世纪的产业巨大发展，商业资本成长，促成封建制度动摇，这个动摇，由十五世纪进到十六世纪，采取一种划时期的姿态显现出来。这一划时期的表现，就是“文艺复兴”。文艺复兴构成由中世纪到近代的过渡，这里是整个中世崩溃的时期。

到了文艺复兴时代，近代自然科学才开始，哲学、科学，离开神学的独立也才开始。那从十四到十五世纪的唯名论中，虽然明显地表现着经院哲学的内部动摇，但那时却还没有开始哲学、科学离开神学的独立。可是从十五世纪进到十六世纪，科学，尤其自然科学对于宗教、神学，就宣布独立，哲学也跟着脱离神学。就是说，科学的研究，哲学的研究，跳出经院哲学的限界外，开辟它自己独立的世界，发展为宗教的对抗者。这时代，又是工场手工业替代基尔特手工业发展，并开始确立的时期。本来意味的工场手工业——作为资本主义生产行程的特征形态看的协业——从十六世纪的中业起，持续到十八世纪三分的最后一期[①]。大体说来，工场手工业时代，又是商业资本时代。

我们在这里作为问题来叙述的中世崩溃期，相当于工场手工业时代的前半期。这和希腊人天才的直观及阿拉伯人散漫无

---

① 马克思：《资本论》，亚德拉茨基版，第1卷，第352页。——原注

联络的研究不同，可称为科学的真正自然科学，实开始于这个时期。中世的封建支配的体制，在都市市民和封建贵族的斗争中崩溃，大君主国家在欧洲形成，罗马教皇的精神独裁被打破，重新唤起希腊的古代来，同时，呈现了新时代艺术的最高发展，突破旧视界的限界，这是地球上初出现的真正伟大的变革时代。法国人适当地把这个变革时代，呼做文艺复兴[①]，新教派的欧洲，虽然偏浅些，也呼做宗教改革期[②]。

"文艺复兴"又名"古典复兴"，首先以复兴希腊罗马的古典文化的形式，起于十五世纪的意大利。替这一运动做前导的是但丁(Petrarch，1304—1374)等三诗人。但丁的《神曲》，从其素材上说，固然是中世的，但从其感觉及素材的处理上说，却已暗示着近代的精神。配特拉加和朴喀西奥，从希腊古典文学，尤其从荷马身上学得多。朴喀西奥有名的《十日谈》，具着反封建反僧侣的内容，反对宗教的禁欲主义，主张自由的人类性。这些前导者们已经准备好了的近代精神，在意大利方面，从十五世纪进入十六世纪，从黎奥那多·芬奇(L. da Vinci，1452—1519)[③]、拉法埃洛(Raffaèllo，1483—1520)[④]、末开兰杰(Michelangelo，1474—1519)[⑤]等的艺术中，开花起来。

文艺复兴时代的文化，是对封建制度作斗争的都市市民的意识形态。它的特征，就是冲破中世纪的教权束缚的新精神，表现这种新精神的，就是反教会的自然的人类性之自由的发展，人

① 作者原注："文艺复兴，一般是'再生'、'复活'的意思，但亚西立却解释为'新的诞生'。我以为亚西立的这一解释，很抓住'文艺复兴'的内容了。"——编者

② 恩格斯：《自然辩证法》。——原注

③ 今通译为列奥纳多·达·芬奇，意大利文艺复兴时期的画家、自然科学家、工程师。——编者

④ 今通译为拉斐尔，意大利文艺复兴盛期的画家、建筑师。——编者

⑤ 今通译为米开朗琪罗(1475—1564)，意大利文艺复兴盛期的雕塑家、画家、建筑师、诗人。——编者

类的自己之醒觉，人类的自己之发现，及自然的科学研究之发展。所以，文艺复兴的精神，被呼做人文主义(人类主义)。所谓人文主义，就是拿强调人类性去对抗封建的束缚，对抗中世基督教的人生观、世界观，把自然从宗教中解放出来，想从蒐集古典、浏览古典、研究古代文化上，提高人类的教养、文化。于是世俗的东西，替代宗教的教会的东西出现于面前，现在已不是信者和不信者的对立，而是有教养者和无教养者的对立了。其后，人文主义的运动，从意大利波及于西欧，到了十六世纪，扩大到非常广大的范围。总而言之，人文主义的这种发展，以及结合于这一发展的自然科学之巨大而且急速的发展(随着它来的唯物论复活)，作了文艺复兴的特征。

不消说，因为中世封建制度，受工商业巨大发展的影响而动摇、解体，因为自然经济受货币经济驱逐，因为商业资本日见发达，因为都市的市民阶级形成并逐渐强大化，才引起文艺复兴来。工商业的发达，促进种种发明和发现，反过来，发明和发现，又促进工商业的发达。1492 年，哥伦布发现了美洲大陆，接着伽马又于 1498 年开辟了走东洋的航路，环游世界的航行，也于 1519 年—1622 年，在马杰兰的指挥下完成了。由于航海的发展，地理上的发现，人类的眼界大大地扩展起来。和这相关联，数学、天文学的研究，显著地进展着。此外，当十五世纪的中叶，在莱茵河畔的美因豪商约翰·发乌斯的援助下，约翰·古发堡(1397—1468)发明了木制活字，接着又被改良成金属活字，1456 年，出版了用金属活字印的《圣经》。因着活版印刷的发明，文化说获得了急速发展并普及的可能性。

当时欧洲诸都市，尤其意大利的都市，早已呈着巨大而且急速的发展。意大利位于地中海交通的中枢，十字军的结果，它的商业上地位，大为提高，成了欧亚贸易上、交通上中心地。威尼斯、热那亚，老早成为贸易港而繁荣起来，内地都市的米拉诺、佛洛连萨等，也成长了。在这些都市中，已经表现高利贷资本、商业资本的急速发展。当十五世纪中，热那亚已经开过欧洲最先的公众银行。基于工商业和货币经济发达的封建制解体。老早在意大利诸都市中表现出来。自由商业都市之发达，产生了一些小国家(公国)，使得共和制度及君王制度成立。于此拥有巨富的银行王(大高利贷资本家)梦第奇阀，在佛洛连萨——作为君王——掌握权力。就是说，这里呈现着资本主义的萌芽。所以说，"资本家的生产最初的发端，已在十四世纪及十五世纪，散在地出现于地中海沿岸的一些都市"，因此，"意大利是资本家的生产最早发展的国家，也是农奴制的诸关系最早崩溃的国家"。[①] 文艺复兴之所以首先以意大利的诸都市为中心而发生，根本理由就在这点上。

但是，同时还得注意一点：从地理的位置上说，意大利是拜占庭文化移入西欧的中介点。"君士但丁堡，几世纪间，都是古代文化的贮藏库"(Ashley，Early European Civilization，纪元537)，因着它当时感受鄂斯曼·土耳其的威胁，多数学者便从拜占庭帝国，携带许多希腊的古典，移居于意大利。这些学者中，不少教书于意大利的各大学。在这种情形下，当时"资本家的生产发展得最早"的意大利诸都市，便首先发生以"古典复兴"的形式起来的文艺复兴运动。文艺复兴运动的支持者，是商业资本。那个巨大的高利贷资本家，同时又是政治权力者的麦第奇阀，就是文艺复兴运动的著名奖励者，谁也知道这一事实。因此，我们对于文艺运动，便能充分理解它的社会基础是什么?! 并理解文艺复兴的文化，是什么社会要素的意识形态!?

---

① 马克思:《资本论》，第1卷，第754页。——原注

那末，文艺复兴采取古代文化复兴的形式，这可以从拜占庭文化的移入和影响来说明吗？不，并不是那样。它在意大利诸都市的商品生产发达中有着内在的理由。已在第一部说过，古代（希腊）文化的各种伟大成就，在基于奴隶制的商品生产及商业资本的发达中，有其物质的社会基础，因此，意大利的市民阶级，就本能地从古代文化中，抓取他们为反封建而斗争的意识形态的武器。古代文化和文艺复兴运动的文化，曾一时立于共通的社会基础上。因此，产生了两文化的一时共通性。但是，那至多也不过“一时”而已。古代的商品生产，因着奴隶制的构造的原故，具了发展上不可逾越的古代界限，可是文艺复兴时代，却开辟了走向资本主义生产的更高发展的道路。由于资本主义生产的发达，社会的生产力更大发达的可能性，于是首先显示了近代自然科学的巨大发展。这样，古代文化和文艺复兴文化的历史的差别，因社会的发展而明了。

意大利文艺复兴运动，波及西欧。由于哥伦布在十五世纪末发现了美洲大陆，伽马开辟了档洋航路，世界市场起变革，于此意大利的商业的至上权被破坏，商业的霸权辞别意大利诸都市，移往西班牙、葡萄牙，接着到荷兰、英吉利去了。因此，西欧也呈现了都市市民文化的巨大发展。

同时，西欧发生了宗教改革，这是市民阶级对抗封建制的伟大斗争。新兴布尔乔亚对抗封建制的斗争，在当时的历史社会条件下，首先不能不拿“宗教改革运动”的形态，从反封建宗教——天主教——的宗教化装下去进行。

第一个理由：天主教会的封建制的国际大中心，是封建制度的意识形态的柱石，同时，教会自身又是中世纪欧洲最有力的封建领主，整个天主教领有着欧洲世界的三分之一。所以，要在各国顺次地击破世俗的封建制，就要先打毁这神圣的中心组织。

第二个理由：布尔乔亚为了他们的工业生产发达，要求科学，尤其自然科学的发展，可是，天主教会为了维持封建的体制，定要绝对保持天主教的信仰，于是压迫科学（自然科学）。所以，布尔乔亚担负科学对教会的反抗。

因此，我们从第一点上，理解了宗教改革的布尔乔亚性，从第二点上，理解了布尔乔亚反封建的斗争，借用宗教装扮的必然性。宗教改革，是用两种形态进行的，第一个形态，是德国的路得（M. Luther，1483—1546），第二个形态，是法国的卡尔文（Calvin，1509—1563）。

路得反抗教会的呼声，唤起了两个带着政治性质的叛变。一在 1523 年，由弗兰次率领下级贵族造反，另一就是 1525 年的农民大战争。新教的宗教改革，在资本的原始积蓄时代，不能不从极端贫穷化了的农民中找出强有力的反响。然而这两个叛乱，都因市民不坚决的结果而失败了，从这时起，斗争退化成地方诸侯对中央权力的争执，使德国在两百年的长期间，站在欧洲政治上活跃的诸国民的队伍外。路得虽拿一种新的宗教——路得派的福音主义，对抗着封建的天主教，可是他的这个主义，最适合于绝对的君主政体，在德意志的小诸侯们手中，作了他们的忠顺工具。因此，东北德意志的农民们，由于改宗路得的新教，从自由民降到农奴了。

但是，卡尔文的宗教改革，却比路得的彻底，那是民主主义、共和主义的东西。卡尔文的信条，适合于当时布尔乔亚中最大胆的人们，他的命运预定说，是商业布尔乔亚的意识表现。商业的竞争界上，往往以为成功和失败，不是由于人的能力和聪明，而是由于非自己的力量所能及的种种情形所造成，卡尔文的那种说法，正是这一事实的宗教的表现。卡尔文新教的教会组织，是彻底民主的、共和的组织，所以他的新教在荷兰，建立了共和国,在英国,尤其苏格兰,建立了活动的共和党。就是说,"路得的宗教改革,在德国衰败,使德国破坏,反之,卡尔文的宗教改革,却在日内瓦、荷兰、苏格兰,做了共和主义的旗号,把荷兰从西班牙和德意志手中解放出来;对于在英国发生的第二次市民的革命,提供了思想的武装。所以,卡尔文教,就是当时市民阶级利益的宗教装扮的证据"①。

因此,我们踏入近代的时期。

第二节 文艺复兴时代的哲学

一、尼古劳·库沙纳(1401—1464)

文艺复兴时代最初的哲学家,是尼古劳·库沙纳(Nicolus Cusanus)。经院哲学触到文艺复兴的空气中而解体的形势,在他的哲学中表现的最厉害。他实际上,站在神学和哲学的交界中。他出生于摩塞耳河畔的库伊士村,是德国一个葡萄园主的儿子,1448 年,曾荣任罗马教会的枢密官。他是个神学家,同时又是数学家、自然科学家、哲学家。

他研究数学及自然科学,比哥白尼更先地说出地的球形和自转,最先用铜版制德国的地图,提倡方法的实验,强调读取自然的必要性,认为它是神开示于我人面前的伟大书籍。从这一点说,他正是文艺复兴时代的儿子。

他替认识论提供了一定的体系,把认识分为四个阶段:(一)只获得混乱形象的感官,(二)从事差别的悟性,(三)思辨的理性,(四)神和灵魂合一的神秘直观。他主张认识就是认识主观和对象的类似,因而结论出人类虽能不断地接近神,可是却不能

① 参见马克思:《费尔巴哈论纲》。——原注

抓住神或无限者。这里，我们看出那由培根明示过的经验论，复由尼古劳·库沙纳移入于其认识论的基础构造中，几乎要把认识是对象向着意识的反映这一模写说的认识论，体系化了起来。

因此，他又用神学的思辨形式，说着唯物论和辩证法。他所说的神，实际不外于物质的世界全体，不外于物质的统一性。依他看来，在神的中间，一切对立都被统一所溶消，一切的可能性都实现，由此提示了对立物的统一之原理。并且依他看来，神不仅是包括一切，比一切东西都优越的极大者，且表现着存在于一切东西中极小者。万物都在神的中间联络着，世界就是神的展开，可说就是神的身体。各物都在自己的位置上反映着宇宙，因而人类也是万物的一面镜子，也是一个小宇宙。人类的完成，只是其根源的素质之展开。他的哲学，是一种说明世界的发展、展开、对立物的统一的汎神论，已经暗示着近代哲学的方向了。

他的哲学，实是商业资本发达的时代产物，因之他在所著无学者中，说出如次的话，绝不是偶然的。他说："在那些用秤衡，用眼测后付价的街头或市场中，智慧的呼声，比极壮丽的书籍内，响得更厉害。"这样，哲学便跳出教会之外了。

二、彭颇纳杜(1460—1524)
帖烈西奥(1508—1588)

意大利人彭颇纳杜(Pomponatus)，是帕道亚和波洛利亚的辩论家及哲学教授。哲学和神学的分离，哲学脱离神学的独立，在他身上表现出明了的形式。他说：神学者看来是真理的事情，哲学者却没有仅据这一理由也来跟着说是真理的必要。他又在他的一本著名的小册子论灵魂不死中，否定个人的不死。因此，被宗教的裁判命令在威尼斯烧毁了。他一方面固然极力强调自然的原因，提倡灵魂可死说，主张哲学脱离神学的独立性；可是他方面仍同当时的一些进步学者一样，承认教会。

帖烈西奥(Bernardino Yelesio)是南意大利人,他在所著《从其固有原理上考察自然》一书中,主张无偏见的经验的研究,是根本工作,不赞成空想的神秘主义。他想定自然的中间,有着和单纯受动的"素材"并行的地球发生。他认为精神也只是一个物质,只是一个具有精微的温暖的感受性的物质,由风土和营养及生活方法所影响。认识的成立,是由于精神把外部诸物采入自身中所致,所以认识根本不外是触觉。他并且连数学都认为本质上是感性性质的东西。我们从他的这个自然哲学中,看出唯物论用明了的形态表现着。不消说那仍只是机械论的感性的唯物论而已。

三、乔大诺·布鲁诺(1548—1600)

布鲁诺(Giordans Bruno)是文艺复兴时代最典型的有改革热情的哲学家。他的哲学虽是泛神论,但却是脱离神学了的东西。他的泛神论及其唯物论的内容,是从该时代自然科学的巨大发展上来的。

他生于那波里附近的诺那镇,十五岁时曾加入多米利苦教团(Deminican Order),但因着自由思想而被怀疑,遂脱离该团了。他这时学习经院哲学,并学习柏拉图及亚里士多德的哲学,且研究哥白尼的天文学理论,即地动说。1576 年以后,他便四处飘流,过着无定住的转徙生活。始而在北意大利,继而在日内瓦,再又去屠兹,并且在英吉利住了两年,其后在巴黎及德国的几个大学中,教授那叫做鲁鲁斯术(Lullinhe Kunst)的一种思考方法。他的哲学著作,完全成于飘泊中,其后从莱因河畔的法兰克福经过沮里锡回到意大利,于 1592 年在威尼斯被捕,接着引渡到罗马,坐了七年牢,终于 1600 年 2 月 17 日,在罗马就火刑而死。

布鲁诺基于哥白尼的新学说,拿诗人的想像,建立了一个雄伟的泛神论世界观。他第一反对教会说宇宙在时间空间上都有限的宣传，证明宇宙的无限。依他看来，宇宙是无限的，我们的太阳系，不过是其他无数自己形成而在消灭中的太阳系之一，我们的地球，恰同一个原子一样。世界、宇宙，就是那样变化着，不过同时却有一个永远的法则，它一贯地支配着万有，并调和地调整着万物。从自然这外和自然之上去求神，只有神学者那样做，真正哲学者，要向自然中去求。这样，他便把哲学从神学中分离出来了。同时，他基于主张宇宙的无限性，要向自然中去找神，便反对了中世把神和自然对立起来的神学思想。

布鲁诺还反对形象和质料的二元论，主张两者的不可分性和统一性。他认为世界灵魂，作为一切事物的原动力，作为一切运动合目的地动作着的内部原理，内在于给着形象的素材中。万物都给着形象，形象和素材并不是对立的东西，素材也自发地渐渐展开到高度的形象。神的存在，和母体的自然是同一的，两者在万物根底上横着的“一”这绝对者中一致着。神是“最高原因、原理及惟一者”。

布鲁诺又提出一种和伊壁鸠鲁的唯物论相似的原子论，那说是所谓“单子论”。他从最小者中，最单纯者中，极微者或单子中，发现统一性。在他看来，原子（单子）不仅是分割的最终者，单纯极限的东西，且是合成的起点，观察的出发点，存在的条件。这个极微者的单子，有着某种程度的灵魂，大体上，它是力学的、物理学的小素材。宇宙中有无数异度的极微者（单子）存在。

他的泛神论和单子论，固然被认做莱布尼兹和斯宾诺查的前导，可是那上面却有很大文艺复兴的规定。他的哲学的整个泛神论体系中所表现着的唯物论及辩证法的内容，是基于文艺复兴时代的自然科学的发展阶段，他的生命牺牲在上面的反神学思想，实属于文艺复兴的传统。

四、康柏内拉(1568—1639)

托玛斯·康柏内拉(Thomas Campanella),生于南意大利的喀拿布里亚附近。他很早就是专制、诡辩、伪善的反对者,受到教会的莫大压迫,过了将近三十年的牢狱生活(1599—1626);著作的大部分,是牢里写成的。文艺复兴的诸规定,在他的著述中,表现出更发展的形式,近代精神已在他的书中充分成熟着。

他首先把哲学和神学,截然地划开。他认为认识的来源有两个:一个是信仰,一个是知觉,由前者生神学,由后者生哲学。除"写出的经典"《圣经》外,还有"活的经典"自然。他基于帖烈西奥唯物论,提倡自然的根本研究。

他又把认识的出发点,放在意识上。所谓"我所确知道的事,就是我在",这就是他的出发点。他认为人只有从他的意识出发,才认识别的一切东西,在认识神的存在,认识神的根本性质上,也是如此。看了康柏内拉的这个根本命题,使我们想到笛卡儿,因为他这命题中也出现着近代的自我之自觉。

他又在所著《现实哲学》一书的附录《太阳都市》中,描写着社会主义的乌托邦,这是有名的事。他所描写的国家理想,是意志的和力,都依据于知识。这个社会主义乌托邦的"太阳都市",由一个最高统治者(太阳)及三个辅佐人"力"、"知"、"爱",治理着。妇女、小孩、住宅、饮食,都是共同的,无所谓私有财产。那里的市民,一天只劳动四小时就够了。康柏内拉的这一社会主义的乌托邦,究竟表现着什么呢?一句话说完,那是适应于当时还未成熟的普罗列塔利亚阶级叛乱的一种理论表现。布尔乔亚从其产生之日起,即已带来了自己的对立物。那些从基尔特的工匠及基尔特外的日庸者发展起来的普罗列塔利亚,在原始积蓄的过程上被逼脱离了生产手段(土地)的农民,他们的独立运动,是和新兴布尔乔亚反对封建的运动相结合的。资本主义时代的开始，一般是从十六世纪以来，可是意大利的某些都市，却已在十四、十五世纪中，表现了资本制生产的端倪。农民从土地上脱离出来成了普罗列塔利亚。但是，从十五世纪末起，因着世界市场的大变化，因着北意大利的商业霸权被破坏，发展碰到绝壁了，于是出现完全相反的动向，都市的劳动者，一齐被驱往农村去。康柏内拉的“理想社会状态的空想叙述”[①]，就是从这种矛盾中表现出来的。

康柏内拉的思想，百年后对于那波里大学修辞学教授佐凡尼·巴替士打·维可(Giovanni Basttista Vico，1668—1744)，给了影响。维可是近代历史哲学及民族心理学的创始者，他把近代历史哲学思想，用明确的姿态表现着。他的主著各国民的共通性质所关的新科学之原理的根本思想，就在如下的几点上。他认为根本上，人类自身因其本质的性质并其社会的必要，形成他们的历史；各国民的发展，依着一种普遍的法则，自然地进行着。维可的历史哲学中，呈现着科学的历史观的萌芽。

五、国家哲学、法律哲学及社会哲学

文艺复兴时代，因着都市生活的伟大发展，因着经济政治的巨大变化，当然产生新的社会哲学、国家哲学、法律哲学，他们谁也极端反映着文艺复兴的诸规定。

尼古洛·马治维里(Niccolo Machiavelli，1469—1527)，主张为了获得并扩张政治的权力，应该承认反道德的行为，他为近代国家生活的欲求所推动，建立了他的政治论、历史论。他的历史观，是彻底的自然主义。在他看来，历史是从秩序、力进到无为、无秩序、混乱，再又归还到力、秩序的一种不断的循环。他尖锐地对抗中世的国家理念，要求国家和教会完全分离，并且反对

① 恩格斯:《社会主义从空想到科学的发展》。——原注

基督教的道德，主张政治上只有惟一的德“实行力”。

英国的大法官托玛斯·摩耳(Thomas More，1480—1535)，是康柏内拉社会思想上的前导者。他的名著《乌托邦》，描述了一种社会主义的理想国家，但是，这书决不整个地都是单纯空想的产物。这本书的“绪论”中，用极写实的笔调，把英国民众当时的恐怖命运描写出来。《乌托邦》虽是小说式的叙述，它中间却提出了各种现实的社会问题，如废除私有财产问题、劳动组织问题、妇女问题、人口过剩问题等。它主张劳动的权利及六小时劳动制，并反驳了一些对于社会主义理想的实现可能性所作的常套的攻击。在英国，原始积蓄和资本制生产，拿典型的形态表现着，农奴制度，事实上已在十四世纪末消灭①。由于这种情形，“理想社会状态的空想叙述”，便作为适应于未成熟的劳动者阶级运动的理论表现而表现了出来。摩耳因为这种思想，被亨利八世处了极刑。

和马浛维里站在反对立场上的人，有法国波丹(Jean Bodin，1530—1596)。马浛维里根本是共和主义者，为了达到自己的目的，要求王侯的绝对权力，波丹则是生成的君主主义者，要求政治依据神或自然的法则。但是，从波丹认为民族的性质和经济的状态，受地理条件的影响上看，从他认为历史的发展中，存有合法则性上看，他也和马浛维里一样，是文艺复兴的儿子。这一政治论上的文艺复兴精神，到了十七世纪，由内得兰人嚣俄·格老图斯(Hugo Grotius，1583—1645)发展成为自然法学说。

第三节　自然科学的勃兴和唯物论

十四、十五世纪中，经院哲学开始解体，威廉奥坎(W. Oc-

① 马克思：《资本论》，第1卷，第755页。——原注

cam)的唯名论思想及厄克哈特(Eckhart,1260—1327)的神秘主义思想出现,这在前面已经说过。由厄克哈特开始的德意志神秘主义思想,其后到了十七世纪,复由革立兹的靴匠雅可布·贝梦(Jakob Böhme,1575—1624)把它完成。贝梦说:神是一切,是天国,是地狱,任何东西如果没有“反对”的对立物,便不能把自己显露出来。虽然从他的这种思想中,可以看出辩证法的倾向,可是那全是神秘主义的东西。反之,唯名论的思想,从来发展为文艺复兴的唯物论哲学了。唯物论哲学的复活及其发展,以文艺复兴时代的自然科学的巨大发展为基础而表现着。文艺复兴的决定的特征,就是近代自然科学的成立并巨大的发展。唯物论的复活,和这有着紧密的关联。

近代自然科学,这才配构为科学的自然科学,到了文艺复兴时代才出现,其后就不断加速地进步起来。在中世纪的黑暗后,自然科学突然现出惊人的成长,这是从当时工商业的巨大发展来的。这一成长的结果,对于观察上和自然研究上,提供了极多事实的材料。力学上、化学上、物理学上的新事实(机织、水车、染色、冶金、眼镜等),不仅是实验工具,且使新规的工具有组成的可能。军舰的必要,都市的发达,各种土木工事的兴起,使得关于自然的科学前进。被工商业的发达促进的地理上诸发现,把前此不容易获得的关于气象学、天文学、动物学、植物学、生物学的无数材料,弄得明明白白了。力学的发展,是直接依存于手工业及工场手工业的发达的。

哥白尼的学说,无异于自然科学对宗教的独立宣言,于是上述自然科学的发达,成为更急速且更确定的了。

一、黎奥那多·达·芬奇(1452—1519)

有名的意大利人黎奥那多·达·芬奇(Vinci),是意大利文艺复兴的体现物那样的人物。他一身而兼书家、雕刻家、建筑家、天文学家、洋琴家、解剖家、技师及机械学家(力学家)。在他看来,一切确实性的母,是那能够由实验去获得的经验,不过这种经验,必须和精密的思维相结合。精密的思维,只有在数学和力学中,即是只有在"数学的科学天国中",才获得完全确实性。他的自然科学,是北意大利诸都市从十五世纪到十六世纪的产业发达的产物。

(以下缺)

二、哥白尼(1473—1543)

有名的地动说创始者尼古劳·哥白尼(Nicolaus Copernicus),生于德意志,初在克拉科及维也纳,继在意大利的主要大学波罗尼亚、罗马、巴杜亚,研究天文学、医学、人文学,归国后,又在勃雷逊的佛劳恩堡,续行研究。他虽然曾在僧院度过生活,但绝不是神学者。

他的地动说,已在1506年开始下笔,但因当时天主教会,对于违犯神学权威者,决不宽宥,设立异端审问所来处罚他们,所以他不能公然主张他的新说,出版便因而搁置了。到了他死的那年,才由他的一个热心学生恳切怂恿他付印,这就是他那革命著作《论天体周行》。这书曾由纽柏锡的说教者奥希安德作过一篇十分小心的序文。序文中说"本书是献给教皇的";又说:"教会,或者可从我的工作中,引出某种利益来。"并说:"我的研究的成果,拿来供陛下及有学识的数学者们判断。"

序文虽然这样说,可是这书的内容,实是革命的。依他的学说:"太阳坐在王位上,指导环绕他的游星族。于是我们从这种配列中,看出不是别的方法所能实现的调和关系。为什么呢?因为人们能从这里理解木星的顺行及逆行运动,何故比土星的大,比火星的小。"这以太阳为中心的新世界相、地动说,实际是推翻当时的天主教神学的基础的。所以,哥德说:"一切发见中,或许没有比哥白尼的学说，给人类精神上的作用更大的了。”(《色彩论史》第三部)哥白尼的这种书，从1616年到1757年，被教皇列入于指定的禁书中，自是当然的事。

哥白尼的这书中的学说，构成新时代的进步自然科学的础石。在宗教的领域，有过路得的破门状的烧毁，自然科学领域中和那相当的，就是哥白尼的这个大著。虽说他在这个著作上，决算不得勇敢，可是却替自然科学作了对宗教独立的宣言。这个独立宣言，实际上固然经过36年的犹豫后，差不多临终时才发表，但自从发表以来，自然科学就根本由宗教手中解放出来了[①]。

布鲁诺的哲学学说，是拿哥白尼的学说作基础，这在前面已经说过。把哥白尼的自然科学继承起来，加以深化的人，是开勃勒和加里勒伊。

三、开勃勒(1571—1630)[②]

开勃勒(Johannes Kepler)，生于雷翁柏锡附近的士瓦本的一个村子中。他和哥白尼不同，公然发表他的学说，表白他的确信，因此被两派的正教所敌视，在同困苦和危害作战中，展转受到各地的驱逐。

他想站在哥白尼奠了基础的近代自然科学的轨道上，建立数学的物理学。他认为“人类完全不能认识量以外的任何东西，也不能认识通过量的别种东西”，他从这一立场出发，终于发现了有名的运动法则。至此哥白尼的发见，遂开始被数学地证明，但同时，游星运动的椭圆，却代替从来被作为“最完全形态”的认识看的圆而出现了。哥白尼说也和托勒密(Ptolemy)说同样，以

---

① 恩格斯：《自然辩证法》。——原注

② 开勃勒(Johannes Kapler，1571—1630)：通译开普勒，又译刻卜勒，德国天文学家、数学家，近代自然科学的开创者之一。主要著作有：《宇宙的秘密》、《新天文学》、《宇宙的和谐》、《哥白尼天文学概要》等。——编者

为天体运动是圆运动。但是，开勃勒却把它看做是椭圆运动，并且认为只有基于椭圆运动，才能数学地说明实际上的游星运动。他那有名的运动法则说："游星画着一个椭圆，太阳在其焦点上。结合游星和太阳的直线，在等时间内描着等面积。"

在他手中，"物理的力"才出现，一种含着"力的算术"的新物理学才出现。他以为世界等于一个计时机械，想由此建立数学的物理学。可是，真正把那作为一种独立科学看的数学的物理学，决定地确立起来的，还是加里勒伊。

四、加里勒伊(1564—1642)①

加里勒伊(Galileo)，生于华沙，从 1589 年起，在这里当教员。嗣后于 1592 年，任巴道亚的数学教授，在那里过了 18 年，在这期中，他表现许多成绩，替力学奠基础，制造望远镜观测天体，发见了太阳的黑点，木星的卫星、游星的盈虚，等。所有这些发见，保证了哥白尼的学说。不久，他便分开表示自己是这一学说的信奉者。为了这，他和教会的权威对立起来，终于 1632 年受宗教裁判，结果承认否定这种学说，得免极刑的处分。

加里勒伊想用力学解释整个自然，在他手中，哲学和科学，特别作为自然的科学而出现着。他说："真正的哲学，替我们说明自然。但是，自然只有靠那自己把说给我们听的言词和象征，解释出来的东西，才能理解。这个言词就是数学，这个象征就是数的图形。哲学写在这个最伟大的书籍中，这个书籍在我们的眼前打开着。"在他看来，数学是可以代替逻辑学东西，所以他说："我们不从逻辑学的书中去学习证明，要从数学中去学习证

① 加里勒伊(Galileo Galilei，1564—1642)：通译伽利略，意大利数学家、物理学家、天文学家，近代自然科学奠基者。主要著作有《关于托勒密和哥白尼两大世界体系的对话》、《星宿的信使》、《论太阳的黑子》、《论彗星的本质》、《两种新科学的对话》等。——编者

明。”他想由此把数学的物理学建立起来。可是在他看来，数学是科学上的证明手段，至于构成科学的出发点的则是经验。他首先用感觉、经验及观察，把归结弄确实，再用“论证的科学普通所行的”分析方法，探求那足以支持归结的证明根据。就是说，他想发见的“真原因”，终于在法则中，作了比开勃勒更确定的发见。总而言之，他结合了演绎和归纳这两个方法。这一点，表现了他的伟大，但同时却还有着他的不充分。归纳和演绎，综合和分析，原在相互依存的关系上，相互补充的关系上，数学的诸范畴及论理的诸范畴，实际不外于从经验得来的认识之结晶。然而加里勒伊却把数学的诸概念、诸范畴，简直认做先天的理性的诸概念、诸范畴。这就是他的不充分的地方。

加里勒伊在提出问题及解决问题上，完全把我们引入近代哲学的领域来。十七世纪及十八世纪的唯物哲学的发展，基于文艺复兴时代所开始的近代自然科学的巨大发展，和它亲密地携手前进着。

文艺复兴时代的哲学和自然科学，是近代哲学的基础。加里勒伊在其思想上，在其时代上，都已经是近代的人了。

（以下缺）

第三部　近代哲学①

第一章　近代哲学的发展

第一节　近代自然科学的发展

开始于文艺复兴时代的近代自然科学，其后因着社会的物质生产力的发展(同时，布尔乔亚的生产关系，渐成支配生产关系)，急速度地发展起来。尤其十九世纪以来的自然科学，基于机械的大生产的发展，发达得很壮观。近代自然科学，和古代希腊的自然发生的唯物论不同，它把自然部分部分地分析，把种种自然现象和自然分成一定的部类，依据各式各样的解剖学形态，研究有机体的内部。因此，它使得古代自然发生的唯物论的世界观，在关于物质各部分的认识上去深化。从这点上说，它是一个巨大的进步。但是，同时却也造成了一种习惯：对于自然物和自然现象，不从全体上、大的关联上去把握，却从个别上，大的关联外去把握；不从运动上去把握，却从静止上去把握；不把它作为本质上变化着的东西，却作为永久不变的存在去把握。于是

① 根据作者现存手稿《西洋哲学史》第3卷整理。手稿约写于1946—1952年。——编者

生出形而上学的思维方法。这里自有着理论的限制。十七八世纪唯物论的机械论性质,正是基于这种形而上学的方法来的。

近代自然科学的发展,大体上可拿十八世纪末作境界,把它分成两个时期。第一个时期,在无机界的领域,以牛顿(1642—1727)为终点。这一期是克服获得了的材料的时代。这时代,固然在数学、力学(星学、静力学及动力学)的领域,表现了巨大的成绩,可是因为缺乏对有机体的根本构造的知识,即细胞的知识,还不能对有机物作深入的研究。就是说,当这时代,光只有力学及其辅助科学的数学,是惟一发展的科学,至于物理学、化学、生理学等,还完全处在幼稚阶段上。力学、机械学在十七、十八世纪中的发展,基于如下的情形:手工业向工场手工业发展,同时,当时生产上开始盛行采用机器①。这个时代的特征,就是机械论的形而上学的自然观。牛顿不承认自然的进化、发展,只承认循环。林内(Linné,1707—1778)②对于生物的分类,把人和类人猿作为一族来把握,虽然留下大功绩,可是他仍把动植物的种,当做神所创造,顽固地相信其不变性。

但是,到了十八世纪后半期,康德及拉普拉斯(Laplace)的星云说出现,科学地证明了一切天体都是从星云块进化而来,复因地质学及古生物学和有机化学的成立,机械论的自然科学遂表现最初的动摇。可是虽然如此,当时都还没有打破机械论的自然观,所以连辩证法主义者黑格尔,在其自然观上,也脱不了形而上学的机械论的见解。其后生物学方面,由达尔文(1809—1882)于1859年发表《种的起源》,确定进化论;生理学方面,由

---

① 马克思:《资本论》,第1卷,第365页。——原注

② 林内(Carl von Linné,1707—1778):通译林奈,亦译林耐,瑞典生物学家,他提出物种不变的假设。著有《自然系统》、《植物种志》等。——编者

史旺(Schwann)[1]及史莱登(Schleiden)[2]于十九世纪的三十年代,发现了细胞;物理学方面,由迈尔(Mayer)等于同世纪四十年代,发现了力的永存及转换法则,复由格罗甫(Gronev)于1842年,唱出力学的热论,遂使机械论的自然观,达到决定的动摇。近代自然科学的发展,日益加多地提供聚积了的材料,证明自然总是辩证法地活动着的。就是说,自然成了辩证法的证据。接着到了十九世纪的后半,遂具体化地进入辩证法的唯物论之自然观的领域,成立自然的辩证法理解,即"自然辩证法"(恩格斯)。这些,构成近代自然科学发展的第二时期的特征。

但是,另一方面,这一辩证法的成立,却意味着近代自然科学(布尔乔亚的自然科学)本身的矛盾增大,理论混乱。所有这些,表现为布尔乔亚自然科学的危机,结局也就是布尔乔亚社会的矛盾尖锐化的表现。所谓布尔乔亚自然科学的理论混乱,就是一方面自然科学的日益丰富地累积起来的经验的研究成果,和他方面在其概括中的自然科学的形而上学的机械论的方法,逐渐扩大地矛盾着的事情。从十九世纪进入二十世纪后,关于自然的实证研究,显著地进步起来了(相对性理论、量子力学等)。结果,从来狭隘的自然科学的方法露出破绽,自然科学者陷于剧烈的哲学的动摇(方法的不通)。然而布尔乔亚的哲学,不能解决这一矛盾,可说反而激化了这一矛盾,加强了这一矛盾,阻塞了现代自然科学的巨大飞跃发展的道路。这是因为布尔乔亚的哲学,跟着资本主义社会的矛盾增大,布尔乔亚的保守化,把自己唯心论化,尤其是在最近阶段上,神秘主义化、非合理

---

① 史旺(Theodor Schwann,1810—1882):亦译施旺,德国动物学家,细胞学说的创立者之一。1839年发表《关于动植物的结构和生长的一致性的显微研究》,与施莱登共同奠定了细胞学说的基础。——编者

② 史莱登(Matthias Jakob Schleiden,1804—1881):亦译施莱登,德国植物学家,细胞学说的创立者之一。著有《植物学概论》等。——编者

主义化了的原故。

现代自然科学的实证研究的巨大成果，实是自然辩证法的确证，只有把唯物辩证法意识地适用于自然科学，才能解决布尔乔亚自然科学的矛盾。唯物辩证法对于自然科学之意识的适用，是有着一定的社会、政治的意义的。如果现代自然科学，想停留在布尔乔亚的规定中，那它就要走上哲学的反动化，徒然堕落、腐败，逃不出神秘主义、非合理主义的圈子。所以，现代自然科学的唯心论化、非合理主义化，现了出来。如麻克斯、勃兰克的放弃唯物论，海正堡①的"不确定性原理"，德里修的新生气说——生物学的非合理主义——等等，即是其例。

近代自然科学，从文艺复兴以来，便和近代哲学(唯物论的)采取紧密的结合，手携手地前进着。近代哲学之唯物论的辩证法的发展，系以近代自然科学的巨大发展为基础，和近代自然科学密切地关联着。但是，担负近代哲学的社会要素(布尔乔亚)，一在它的敌对地社会要素抬头的前面反动化，它的哲学——唯心论化、僧侣主义化，那就使自然科学的发展所造成的日益增大的伟大的诸成果，将不能助益于哲学的发展及其内容的唯物论丰富化，反而发展哲学及自然科学的深刻危机。自然科学的种种积极成果，已经不能做布尔乔亚哲学的基础，两者不在作为科学上紧密结合了。这里，使我们想起古代哲学发展的第三期来(即古代哲学一般地唯心论的堕落，宗教的神秘主义化，哲学和自然科学分离，希腊罗马的庸俗哲学和亚历山大时代的自然科学等)。但是，虽然两者共通着下向期的表征，同时我们却不能不注目于两者的**不同点**。资本主义社会的支配要素，因为如今已和社会生产力的发展相矛盾、相对立，诚然不能把哲学及自然

① 海正堡(Werner Karl Heisenberg，1901—1976)：通译海森堡，亦译海森伯，德国物理学家，量子力学创始人之一。——编者

科学从泥坑中救出来，提高到更高的发展阶段上去。可是资本主义社会却和古代社会不同，它自己的内部，具着它本身矛盾的扬弃者。古代哲学、古代科学的伟大的成就，在中世的黑夜中消失了，可是布尔乔亚哲学及布尔乔亚自然科学的伟大成就，却有着它的直接承继者。

因此，现代自然科学研究的巨大成果，替科学的哲学——辩证法唯物论——做了基础。

第二节 近代哲学的成果及其发展阶段

近代哲学站在近代自然科学的基础上，作为新兴布尔乔亚的唯物论哲学来出发，哲学史上的十七、十八世纪的特征，就是唯物论的复活。

十七、十八世纪唯物论的理论，代表着当时西欧布尔乔亚的思想。无疑地，一定时代的支配的哲学，就是该时代支配的社会要素的哲学。当时的布尔乔亚，虽还没有取得权力，可是它经过商业资本的确立和支配，已在经济上达到支配者的地位。就是说，封建社会的经济基础，时时刻刻都在崩溃中。布尔乔亚为了在封建社会的框子内，获得自己的发达条件，便作打破封建制的努力(但却是一个一个的打破)。他们在和封建制斗争上，造出自己的意识形态，企图打破旧的封建意识形态的经院哲学和宗教。都市布尔乔亚的这种历史的活动，已经反映于文艺复兴的哲学中。布尔乔亚一天一天在成长，随着自己的力的增大，反封建的斗争，愈益彻底化。十七、十八世纪的唯物论，就是布尔乔亚用以和封建制斗争的思想武器。布尔乔亚的实践的斗争，愈成为决定的，它和封建诸要素的对立愈激化，唯物论对唯心论的斗争，就愈益采取尖锐的形态，唯物论就愈彻底化、完成化。十

七、十八世纪的唯物论，实是进步的布尔乔亚的哲学。

资本制时代的开始，是十八世纪以后的事。不过从十六世纪中叶到十八世纪三分的后一期，还是本来意味的工场手工业时代[①]。工场手工业的最特征的本质之一，就是商业资本和工业资本的紧密结合[②]，不过这一紧密结合，实际是小工业、小商品生产，以商业资本为媒介而隶属于工场手工业的话，布尔乔亚虽被商业和工场手工业把自己造出来了，但这时候，资本主义还没有成为确固的东西。因为这时候，工场手工业比较商业及航运，还只尽着第二次的作用[③]。从第十七世纪的中叶起，差不多到十八世纪末了的这个长时期，全是商业资本的时代，所以说十八世纪是商业世纪[④]。但是商业这东西，绝不是意味资本主义的确立的，商业资本的自身，不能造出价值及剩余价值。固然商业的扩大和商业资本的发展，“构成促进封建生产样式移到资本生产样式的一个主要契机”，可是根本上，可说那是由于“资本生产样式的内在必然性”。“因此，这种场合，并不是商业改变工业，反而是工业改变商业。”[⑤]

基于这样的交互规定，从工场手工业到用机械的资本主义的大生产的推移就显现，这便是“产业革命”。就是说，工场手工业固然以大市场的存在为前提，并且日益开拓市场，已从国内市场进展到世界市场，但很快的它就不能满足自己所创的世界市场的需要了，便不能不转化为大工业(机械的大生产)。于大工业征服商业，商业资本(及一切资本)转化为工业资本。跟着工

① 马克思:《资本论》，第 352 页及第 754 页。——原注

② 列宁:《俄国资本主义的发达》，第 6 章，第 6 节。——原注

③ 马克思，恩格斯:《德意志意识形态》。——原注

④ 同上。

⑤ 参见马克思:《资本论》，第 3 卷，第 20 章。《马克思恩格斯选集》，第 25 卷，第 372 页。——原注

业资本的确立,资本主义遂确固起来。布尔乔亚为了确固资本主义的支配,便进行决定的变革斗争(在英国是 1640 年及 1688 年,在法国是 1789 年)。

当布尔乔亚为达到支配而如是表现其为最革命的阶级时,布尔乔亚的唯物论,便拿最彻底的形态出现(十八世纪的法国唯物论)。法国唯物论,是最彻底化的布尔乔亚唯物论,近代布尔乔亚唯物论,向确立法国唯物论方面动着。它完全抛弃了宗教的假面具,于布尔乔亚对封建制度作彻底的政治决战的时代,即法国大革命时代,做了布尔乔亚的急时的前卫。这里,布尔乔亚的哲学,才完全脱去从来的宗教衣裳,毁掉神学的装扮,对抗封建宗教的异端斗争,彻底化到无神论了。

但是,布尔乔亚一旦经由政治的决战获得政治的权力后,忽然变成反动的东西。原来布尔乔亚当其发生之初,即已负来了自己的对立物。就是说,布尔乔亚没有工钱劳动者这对立物,它就不会存在。大量造出工钱劳动者,是资本制生产的必然条件,这里就有着本来的对立。因此,达到了权力的布尔乔亚,在他们的敌对社会群抬头前,丧失其进步性,必然变成保守的、反动的东西。同时,他们的哲学,也变成唯心论的、保守的东西。

所以,布尔乔亚当新兴大众在 1848 年,毅然作历史的第一次抬头时,就拿这作转机,走入宗教和唯心论,实是当然的事。现在法国的布尔乔亚,生逢星期五盛吃一顿;德国的布尔乔亚,星期日跑到教会里,听冗长的福音主义宣教,尽管热得流汗,也耐着听完[①],他们主张"为了民众而不能不维持宗教",于是他们的哲学,成为僧侣主义、唯心论了。

大产业的机械愈完成化、生产力愈发展、生产的社会化愈进

---

① 恩格斯:《社会主义从空想到科学的发展》。——原注

步，资本主义社会的矛盾，就愈激化，对立就剧烈起来，新兴社会群对抗布尔乔亚的斗争，就更大规模地、更激烈地展开。因此，进步的社会群，在十九世纪的五六十年代，确立了他们自己的稳固的进步哲学，那就是辩证法的唯物论。这一辩证法的唯物论哲学，到了十九世纪的七十年代，深深地透入许多欧洲国家，尤其德国的新兴社会群中，获得了确切的政治意义。这时候，正是独占及金融资本主义的预备期。

到了帝国主义时代，尤其在现代，布尔乔亚的哲学，更加唯心论化了，更加非合理主义化了。相反地，辩证法唯物论，却经过对抗唯心论的斗争，更加完成化，更加强固起来（哲学上的列宁阶段）。这时代——布尔乔亚哲学以 1848 年为转期而一般唯心论化的时代，一切形态的唯心论和唯物论（辩证法的）的激烈对立，照应着社会中的两个敌对社会要素而存在着，并且在发展中。

因此，我们把近代哲学的史的发展，大体上拿十九世纪五十年代（以 1848 年为中心的时代）作界线，分成两个时期。第一时期，以十七世纪的唯物论（当然是不完全的东西）为起，以十九世纪初头的德国古典哲学的终结即黑格尔和费尔巴哈为终。这时代伟大科学成就，就是十八世纪的法国唯物论——布尔乔亚唯物论的完成——和德国唯心论（黑格尔）的辩证法。第二时期，以十九世纪五十年代的辩证法的唯物论成立和唯心论的反动开端（叔本华）为始，继续到现在。这时期，辩证法的唯物论，经过唯物论和唯心论的对立，更加体系化，完成化，反之，唯心论却更加非合理主义化、神秘主义化。这时期的伟大科学成就，就是唯物论的完成、辩证法的完成，即是确立了唯物辩证法，这时期，布尔乔亚哲学已经没有留下何等积极的科学成果了。尽管在实证的个别科学（自然科学、心理学、历史研究等）的领域，有些科学的成果，然而可说结果是加强布尔乔亚哲学的危机的。

依照上面的叙述看来，近代哲学发展的第一期，其特征是：布尔乔亚唯物论反封建唯心论（神学、宗教）的对立、斗争，以及布尔乔亚唯物论经过这种对立、斗争而达到的完成化、彻底化；第二期的特征则是：辩证法的唯物论及布尔乔亚唯心论的对立、斗争，以及辩证法的唯物论经过这种对立、斗争而达到的完成化、彻底化。把通过这两个时期的近代哲学全发展贯串起来的方向，就是全哲学（全科学）朝着确立，完成唯物论走的方向。布尔乔亚唯物论的完成化，它有着布尔乔亚的历史限界，所以作为布尔乔亚唯物论的完结看的十八世纪法国唯物论，是形而上学的机械的唯物论。这一唯物论的否定，就是德国古典哲学中，取得了完全成熟的黑格尔辩证法的唯心论。现在则出现了否定的否定，这就是经过对黑格尔唯心论作唯物论批判而确立的辩证法的唯物论。但是，这一否定的否定，已不是旧的形而上学唯物论的简单复活，而是以两千五百年来的哲学及自然科学作基础的唯物论的完成形态、辩证法的完成形态，于是黑格尔辩证法，被作了唯物论的批判的改造。

近代哲学发展第一期的十七世纪唯物论，以对抗封建的唯心论、对抗经院的神学的世界观为起，其后更体系化、更完成化，在十八世纪的法国唯物论中，达到布尔乔亚的完成。唯物论的这一完成化、体系化的过程，一般上是唯物论对唯心论斗争的过程，特殊上是完全的唯物论对不完全的唯物论中的诸唯心论要素作斗争的过程：

培根——→霍布士——→洛克

笛卡儿——→斯宾诺查｝从不完全唯物论到完全唯物论（十七世纪）。

柏克烈、休谟←—→法国唯物论。唯物论和“唯心论的反动”

相对立(十八世纪)。

霍布士及洛克

斯宾诺查──→法国唯物论。由不完全唯物论到完全唯物论。法国唯物论是霍布士及洛克的英国唯物论和斯宾诺查的唯物论的统一,是两者经过唯物论对唯心论的诸要素作唯物论的批判而达到的发展。结论,完成(形而上学的)。

柏克烈←→康德──唯心论的内容体系化,唯物论的内容胜利,对于柏克烈唯心论的论驳(十八世纪)。

康德──→费喜特──→谢林──→黑格尔。──唯心论对唯心论的背叛,唯物论的胜利,即唯物论(辩证法)在唯心论框子内的发展。

法国唯物论←→黑格尔(德国古典哲学)。对抗机械唯物论的辩证法唯心论(十八世纪──→十九世纪)。

黑格尔──颠倒了的唯物论(辩证法)。

黑格尔──→费尔巴哈──→马克思──黑格尔辩证法被唯物论地转顺,唯物论辩证法的确立(十九世纪)。

费尔巴哈是从黑格尔到马克思的中间一环,但他自身却没有能够跳出十七、十八世纪的布尔乔亚唯物论(形而上学的唯物论)。从黑格尔经费尔巴哈到马克思的发展,是辩证法的唯物论确立的过程,同时也是唯物论(辩证法)经过对唯心论的彻底斗争而达到最后完成形态的过程。这一过程中,表现过两种斗争:一是费尔巴哈的唯物论和黑格尔的唯心论体系斗争;二是马克思、恩格斯对费尔巴哈的不完全唯物论(即上半身是唯心论)、形而上学唯物论(即包含一些唯心论的要素)的彻底斗争。

于是我们进入近代哲学发展的第二期了。辩证法的唯物论,是经过对唯心论的辩证法的批判、对形而上学唯物论的批判而确立的，它在这一时期中，复经过对十九世纪后半期的庸俗唯物论、对新康德主义、对马哈主义等唯心论反动的斗争，更加完成化，更加体系化，进而确立“作为认识论的辩证法”(列宁阶段)。相反地，那和辩证法的唯物论对立着的布尔乔亚哲学，随着社会的矛盾激化，理论日益开倒车，丧失科学性起来。这一方面唯物论在发展，他方面唯心论在泥坑中(神秘主义、非合理主义、诡辩论)的对立，实是现代社会的反映。

布尔乔亚哲学下向期中的各流派，依历史的顺序，大体可分类如次：

(一)叔本华(Schopenhauer)、哈特曼(Hartmann)[①]、尼采(Nietzsche)等的非合理主义。

(二)毕喜内(Büchner)[②]、佛格特(Karl Vogt)[③]等的庸俗唯物论。

(三)法国及英国的实证主义和其他。

(四)新康德主义。

(五)马哈主义。[④]

(六)新黑格尔主义和现代诸哲学——柏格森(Bergson)的

① 哈特曼，爱特华·冯(Eduard von Hartmann，1842—1906)：德国哲学家。受叔本华、谢林、黑格尔的影响，力图建立一种无意识哲学。主要著作有《无意识哲学》、《道德意识论》、《美的哲学》、《范畴论》等。——编者

② 毕喜内(Ludwig Büchner，1824—1899)：通译毕希纳，德国哲学家、自然科学家、庸俗唯物主义者。主要著作有《力量和物质》、《自然与精神》、《自然与科学》、《他人和自己对当代精神生活的体验》、《达尔文主义和社会主义》等。——编者

③ 佛格特(Karl，Vogt，1817—1895)：通译福格特，德国博物学家、庸俗唯物主义者。主要著作有《生理学书简》、《人及其在自然界的地位》等。——编者

④ 马哈主义：通译马赫主义。马赫(Ernst March，1838—1916)，奥地利著名物理学家、唯心主义哲学家，认为“物是要素的复合”。主要著作有《感觉的分析》、《认识与谬误》、《力学》等。——编者

直观主义，英美的实用主义（Pragmatismus），富塞尔（Husserl）[①]的现象学，海德加（Heidegger）[②]的解释学的存在论，狄尔琪（Dilthey）[③]的生的哲学（解释学），谢拉（Scheler）[④]的哲学的人类学，其他德意的法西斯主义哲学等。

所有这些属于下向期的布尔乔亚哲学，和黑格尔哲学及法国唯物论比起来，显然是一种理论的倒退。他们的中间，完全看不出可被唯物论摄取的积极的科学成果来。

要知近代哲学是资本主义社会的产物，这个社会立在从大规模机械生产来的空前高度的生产力发达上，且因生产力不断增大，结局自己不能不陷于矛盾。它把社会的诸对立简单化了，然而却没有消除对立。因此，整个社会不绝地分解成两大敌对部分。[⑤] 因此，近代哲学在其基于高度生产力的发展这点上，比从来任何时代都显示着认识的更高发展阶段，但同时它却又受两大社会部分的对立所媒介着。从这里便引出布尔乔亚哲学发展的第一期和第二期的根本差异——进步性和保守性——来。

---

① 富塞尔（Edmund Husserl，1859—1938）：通译胡塞尔，德国哲学家，现象学的奠基人。主要著作有《逻辑研究》、《作为严格科学的哲学》、《纯粹现象学和现象学哲学的观念》、《形式的与先验的逻辑》等。——编者

② 海德加（Martin Heidegger，1889—1976）：通译海德格尔，德国哲学家，存在主义的创始人之一。主要著作有《存在与时间》、《康德与形而上学问题》、《形而上学是什么？》、《论真理的本质》、《林中路》等。——编者

③ 狄尔琪（Wilhelm Dilthey，1833—1911）：通译狄尔泰，德国著名生命哲学家。主要著作有《精神科学引论》等。——编者

④ 谢拉（Max Scheler，1874—1928）：亦译舍勒，德国哲学家、伦理学家和社会学家。主要著作有《先验的方法和心理学的方法》、《论人的永恒性》、《伦理学中的形式主义和实质价值伦理学》等。——编者

⑤ 马克思：《工钱劳动与资本》，第104页。——原注

第二章 英国唯物论(经验论)

第一节 法兰西斯·培根(1560—1626)

近代唯物论的故乡,原来是英国。就是说,唯物论是“大不列颠土著的儿子”[①]。这大不列颠的儿子“英国唯物论及一切实验科学的祖先”,实是培根(F. Bacon)[②]。培根所创始的唯物论及十七、十八世纪的一般布尔乔亚唯物论的特征,就在于它们是形而上学的机械的唯物论这点上。这种形而上学的机械论的性质,直接是受的当时自然科学的发达水准的约制,受的十七、十八世纪自然科学的形而上学的机械论性质的约制,根本却是受的布尔乔亚的历史社会的规定的约制,受的那不能真正彻底成为唯物论的规定的约制。自然科学上的形而上学的机械论的见解,由培根和洛克移植于哲学中,因而在十七、十八世纪,产生了占着支配地位的狭隘的形而上学思想方法。

培根是英国伊丽沙柏[③]女皇的掌玺大臣的儿子。曾想进行人类学学问的整个革新的大事业。他是自然科学者、哲学者与政治家。1618 年,曾在詹姆士一世朝内任掌玺大臣及受封韦拉木的男爵,1621 年开始脱离公共的生活,最后五年的生涯,完全投入在科学的研究上。

他说:“有存在价值的东西,也有知的价值,知是存在的模写。”这显然是站在模写说的唯物论立场上。他反对亚里士多德

① 《马克思恩格斯遗稿》,第 2 册,第 235 页。——原注

② 同上。

③ 今通译为伊丽莎白。——编者

的逻辑学机关(Organon)[①]的那种烦琐状态,自己写了一部著名的新逻辑学,叫做《新机关》[②]。他在这书中,举出四个应为自然研究者首先避免的感觉及悟性偏见(Idols,即偶像):(一)种族的偏见(这是人类共通的偏见,即不依宇宙的尺度而依人类的尺度来解释事物的倾向),(二)洞窟的偏见(这是从个人精神的及身体的个别性发生的结果),(三)市场的偏见(从习惯到了某种程度的言语使用来的偏见),(四)剧场的偏见(由哲学的传统的误谬,种种哲学的学说,移入人们精神中的偶像)。要清算这些偏见,克服感觉及悟性的缺陷,最好是用一种从"适切妥当的事例和实验"、个别的经验,不断地渐次上升到普遍命题的方法,即归纳法。归纳法才是真正的方法。他反对烦琐三段论法,说"三段论法在自然的微妙中,手脚都伸不出来"。三段论法处理一切事物,等于"从自己身体中吐出丝网来的蜘蛛"。新的真正方法就和这不同,它是归纳法,它"从感觉和事物中引出公理来,慢慢地连续上升,最后达到最一般的公理"。归纳法不是"单纯集聚材料的蚂蚁",恰如"把材料用自己的能力来加工的蜜蜂"。

培根的哲学,以感觉、经验、具体的事物为出发点。他说:不是正确地基于感觉而来的悟性,它"同歪了镜子一样"。他的唯物论,被呼做经验论。他的这一唯物论的哲学,确和当时勃兴中的自然科学结合着。在他看来,自然科学是一切科学的母体,是真正的科学,它的最优秀部分就是感觉性的物理学。依他的理论,感觉是"一切知识的泉源",从感觉中获得的经验,是一切科学的基础。所谓科学,就是经验的学问,它的成立,从适用"合理方法"于感性所与的素材而来。就是说,把用感觉获得的素材,拿归纳、分析、比较、观察、实验,去在上面适用,便成立经验的科

① Organon:英文,亚里士多德的工具论。——编者

② 《新机关》:培根于1620年所作的《新工具》。——编者

学了[1]。归根说起来，他以为真理不是由概念、悟性的飞跃得来的，实由归纳、分析所获得，归纳、分析则以感性的所与、经验为基础，真理的检证，也不是由单纯的思辨得来的，实由实验去获得。因此，自然不是靠思维赋予它的形式及法则，实则它自身中内在着这种形式及法则，人们拿观察、分析、归纳、实验去暴露、认识（即反映于意识）这种形式及法则。从这里看来，培根实指示着作为模写的认识，指示着认识上的实践（在培根，单是实验）之契机，指示着认识上的感觉之根源性，指示着感觉和思维的辩证法统一（这在培根手中还不充分）。就这点说，他确是近代唯物论的"真创始者"。

此外，他还想在运动上把握物质。在他看来，"物质所固有的诸特性中，运动是第一而且优越的东西，它不但是机械的运动及数学的运动，并且是作为冲动看的运动，作为活生力看的运动，作为紧张力看的运动，用雅可布·贝麦（Gacal Böhme）的话说，是作为物质苦恼看的运动"。[2]

但是，尽管培根有着上述的唯物理论，尽管他的唯物论中有着上述的辩证法要素，可是另一方面，我们却不能不注意他的唯物论的不充分，不能不注意他的唯物论的形而上学的机械论的性质。就是说，感觉和思维的辩证法统一，客观的物质存在，经由人类的实践作媒介而向意识反映的辩证法，他并没有正确地把握住。他不能认识感觉到思维的辩证法转化，同时也不能理解物质的存在之辩证法的发展。他认为感觉是无错误的东西，是根源的东西，悟性、思维是"歪了镜子"。因此，他的唯物论是经验论。同时，他也没有把模写说的辩证法，弄得贯彻，完成化，他所看做真正方法的归纳法，正是机械的形而上学的方法。在

① 《马克思恩格斯遗稿》，第 2 册，第 235 页。——原注

② 同上。

辩证法方面，那作为“多数概念的包括”“杂多的统一”看的具体物，虽是现实的出发点，但在思考上，它却作为包括的过程而出现，作为结果而出现。“在第一条路上，整的概念被发挥为抽象的诸概念，在第二条路上，抽象的诸概念，又经过思考的途径，导入具体的物质生产。”[①]培根的归纳法，恰和这样的辩证方法不同。所以，培根不能理解诸概念、诸范畴的辩证法的发展、转化。从这点说，他是形而上学者、机械论者。就是说，他自己——同着十七、十八世纪的一切形而上学者——闭塞了从理解个别到理解全体，洞察一般关联的道路[②]。结果，他的唯物论，终于是不彻底不完全的唯物论。

因此，他承认宗教的存在，承认神的存在。他固然极力拒绝哲学作神学的婢女，强调自然科学是真正的科学，但同时，他在另一方面，却又肯定宗教及神学。他认为归纳法适合于一切的科学，只不适合于神学，因为神学是基于神的灵感来的。这种情形，意味着他的唯物论、无神论的不完全性、不彻底性。

当十三世纪时，英国经院哲学者顿·史可图，曾主张知识(哲学、科学)和信仰(宗教)分离，培根的这一唯物论，就是在顿所准备的轨道上成立的，它是十七世纪已经发达了的商业资本之意识形态的反映，也是依据于商业资本的君主主义的意识形态。培根曾在所著《亨利七世的宇内》中说：“为着不使有能的人们陷于穷困，准备充分的小耕地，这在王国的权力及威仪上，是重要的事。”培根的唯物论，以宗教改革为前提，穿着宗教的衣裳，作反封建的斗争。但是，当时英国的新兴布尔乔亚，并不在一举而粉碎封建制度，乃在于对封建大地主的妥协，培根的唯物

① 参见马克思：《〈政治经济学批判〉导言》，《马克思恩格斯选集》，第2卷，第103页。——编者

② 参见恩格斯：《自然辩证法》。——原注

论,就是这种妥协立场的反映。他的唯物论之作为布尔乔亚唯物论的不彻底性,也是基于英国布尔乔亚的这种妥协性。

布尔乔亚唯物论,在培根手中还没有完成化。那时,“唯物论用朴素的方法,把全面发展的诸萌芽,内藏于自身中。物质在诗意的、感性的光辉下,向着全人类发笑。然而相反地,那一警策的训言,还充满着神学的不彻底”①。因此,这一唯物论,不能不再加以发展、体系化、完成化。把培根唯物论加以体系化的,就是霍布士。

第二节 霍布士(1588—1676)

霍布士(Thomas Hobbes)从培根理论出发,把培根的理论体系化,否定培根唯物论中的唯心论要素,否定那中间的有神论的偏见,发展唯物论,达到无神论的结论。所以说:“霍布士是培根唯物论的组织者”②。但是,在霍布士把培根唯物论彻底化、体系化的过程上,唯物论却成为一面的、抽象的、更机械论的了。唯物论在培根手中,还具着具体的感性的唯物论姿态,到了霍布士手中,它就变成更抽象的机械论的东西了。那时,“感性失掉它的色彩,变成几何学者的抽象感性,物理的运动,做了机械的运动或数学的运动的牺牲。几何学被宣布成了主要科学”③。因此,唯物论成了悟性的唯物论,使得悟性的任意的结论发展起来。具体的感性的唯物论之一面化、抽象化,是唯物论的发展过程,深化过程必然阶段。这在古代希腊,从米勒都斯学派的唯物论经过爱勒亚学派达到原子论的唯物论的确立过程中,也看得

---

① 《马克思恩格斯遗稿》,第 2 册,第 235 页。——原注

② 同上。

③ 同上。

见。唯物论发展的这种关系,用如次的形式:(一)古代希腊自然生长的唯物论的辩证法的世界观(即自的),(二)德谟克里特及近代机械论的形而上学的唯物论(对自的),(三)辩证法的唯物论(即自且对自的),大规模地支配着历史,但同时,又以小规模地且非完结的形式——从直接的具体的到抽象的机械的形式——在各个发展阶段下,循环反复着。

霍布士是个牧师的儿子,生于马美士柏里。早熟的他,15岁时已经进了奥古斯浮特大学,学校的清教信徒的精神和烦琐的教授法,不洽他的意。其后由1608年到1628年,当洽温狄修的家庭教授,中间曾随主人往法兰西、意大利旅行三年。再后,又去访问意大利几次。他从这样的国际生活中,培养了关于法、意方面的数学的自然科学知识。在意大利,直接和加里勒伊订交;在巴黎,和麦塞如(M. Mersemne)及加山第(P. Gassendi)结友,并和笛卡儿也相好;在本国则和培根往来。当1602年的英国革命迫近时,他站在贵族立场上,拥护君主主义,接着感到身体的危险,遂于1640年再渡法兰西。从此以后,他在巴黎过了十二年。这时期,他曾写过《论市民》,再过十年后,又写一部叫做*Leuiathan*的书。这书的题名,从《旧约圣经·约伯记》中借来,Leuiathan是个"无与比者"的动物名称(中国译鳄鱼),他用以意味着完全脱离教会羁绊的世俗国家。他主张这种国家必须把教育收到自己的手中,因而大学应该成为现实世界的东西。这书出版后,买得各派僧侣的愤怒,攻击他是"无神论之父"。1651年,因为英国政府大赦,他回到共和政治下的英国去了。1660年,反动政府成立,他受当时保守阵营内的多人非难,禁止他的著作*Leuiathan*印行。

霍布士本来站在当时英国高级贵族的立场,拥护那依据于商业资本的专制主义,但是,他理论上代表的贵族,显然是布尔乔亚化了的贵族。因此，这个布尔乔亚化了的贵族的思想家霍布士的哲学，最表现出当时英国布尔乔亚的生产关系，最表现出布尔乔亚和封建大地主的妥协。他的唯物论及无神论，固然是基于资本主义的发达，但它绝不是布尔乔亚为一举而扫清封建桎梏的最急进政治决战的意识形态的反映（如同法国唯物论）。相反地，可说表现着布尔乔亚化了的高级贵族的立场，这些贵族相对于和宗教妥协的布尔乔亚，一成为支配社会要素的构成分子，就和宗教结合的布尔乔亚，无教育而信仰心深的布尔乔亚，他们从资本主义发展上，看出自己的利益，霍布士的特征就在于他的唯物论及无神论，是这种贵族的哲学。然而这不但是霍布士个人的特征，且多少是英国唯物论的特征。英国唯物论的这一特征，在霍布士哲学中最表现得明了。这点上存有英国唯物论的特殊性，同时也存有它的历史的限界性、贵族宗教性、非大众性。

霍布士把培根的物质的多样性溶解为抽象的一般性，把他的归纳法，作为数学的形而上学的方法而机械论的彻底化。在培根，缺乏着历史及发展的概念，他的哲学具着许多机械论的倾向。尽管这样，而他的唯物论，比起霍布士及其他十七、十八世纪的机械唯物论来，还较接近古代希腊自然生长的辩证法唯物论。[1] 因此，培根的唯物论，在古代希腊自然生长的辩证法唯物论和十七、十八世纪的机械唯物论的数学的唯物论间，构成中间阶段，他的机械论的唯物论，还没有充分体系化。这样情形，是

---

① 原注说明："培根说：'在精神被囿于从复杂状态上观察对象的习惯，为这种习惯所掩蔽时，不能认识自然，不能分析宇宙，不能把宇宙切开，最精密地来解剖时，便不能达到认识自然目的。''当研究时，愈多注意于单纯的属性，其后的一切就愈明白，愈单纯起来。为什么呢？因为那时候，我们从复杂者移于较单纯者，从不能比较者移于能比较者去的原故。'（《新工具》）这样他已经明示着机械论的唯物论原理，即把复杂物还原于单纯物的原理。但是，这却还没有充分体系化。到了霍布士手中，才把那物质还原为几何学诸形态的合计方法，把它体系化。"——编者

由于当时使它体系化的社会的前提及自然科学的前提还不充分。

依霍布士的见解，所谓哲学，就是一方面从原因上去认识结果乃至现象，他方面又从结果乃至现象上，基本正当的推理去认识原因。它从类比于几何学的构成之计算和构成而成立，作为事物的生成之写照。但是，这种哲学的目的，在于预知结果，因预知而供用于生活上。认识的对象是物体，因而哲学也可叫做物体论。所谓物体，一方面是自然，他方面是人工的物体即国家。在他看来，神学当然不属哲学。他的哲学就是这样的唯物论。这个唯物论，把几何学认做一切科学的模范，把物质的运动，单当做几何学上所提示的空间上的位置变化，它实是被机械论缚住了的机械唯物论。就是说，他认为运动，就是放弃一定场所，获得别个场所的持续。他说，运动“是除了由它自身来引起外，不能由别个东西来引起东西”。这样主张运动的自因，虽然在粉碎目的论和神学的世界创造说上看，是正确的，但在不能把握运动的辩证法上看，却错误着。他没有把运动作为物质所固有的东西把握住，没有作为物质的存在形式把握住，而竟把它当做空间上的几何学的位置变化，和物质分开来了。所以，他的唯物论是不完全的机械唯物论，是“厌人的”、“禁欲的”、“无肉的”唯物论。

固然笛卡儿的合理主义，给了霍布士以影响，但同时，我们却应在霍布士方面，看取他对于笛卡儿的合理主义所作的唯物论的批判。霍布士是笛卡儿的反对者，他从培根的唯物论出发，认为自然方面，一切都机械地生起，并且认为物的一切现象——关于生物的感觉，关于其他物体的触发——都从一个被多样种类和多样度数所触发的物质中发生。霍布士的哲学史的意义，就在于他第一，把培根的唯物论，机械论地系统化；第二，把培根的唯物论中有神论的偏见打毁，达到无神论。

“霍布士从培根出发，明示了如下的情形：假若认为感性是提供一切知识于人类的，那么直观、思想、表象等，多少只是去掉感性形态的物质世界的空想。”[①]像这样认为一切的观念，都在感觉世界中有其根源，那就没有处于被表象的个别存在者之外的普遍的“非物体的实体”了。“所谓非物体的实体，同所谓非物体的物体一样背理。物体、存在、实体，是同一之实在的观念。”依霍布士见解，人类的感觉和思维，就是物质向人体运动的影响，以及传达这一影响的人体运动。就是说，“思维不能脱离从事于思维的物质，物质是一切变化的主体”。“人类和自然同受法则支配着。”那样，“只有物质的东西能被知觉，能被知道，所以关于神的存在，人是一点儿也不知道的”。[②]

于是他的无神论成立，他不承认神，否定神的启示。霍布士说：宗教的表象，在感官的和个性的冲动，及感情中，有着它的根源。那种假定神存在及崇拜神的动机；是对于臆想中的一种不可见的敌对力的恐怖，人们臆想着这种不可见的力，决定生活的幸与不幸。凭依于渺茫的感情，它产生于无知和恐怖。无知和恐怖，就是宗教之心理的根源。这样，不但否定神的存在，并要探出宗教表象的根源来，确是霍布士的优点。不过单从心理的根源中去探求，还不彻底地是唯物论，因而霍布士的无神论，也就不是彻底化、完成化了的无神论。

这种情形，实是他的唯物论的不完全性，机械论性的由来。诚然，霍布士把培根体系化了。“可是并没有能够更详细地给他的根本原理以基础。就是说，从感觉世界生出来的知识及诸观

① 《马克思恩格斯遗稿》，第 2 册，第 235 页。——原注

② 《马克斯恩格斯遗稿》，第 2 册，第 236—237 页。——原注

念的根源，没有在他手中获得详细的基础。”[1]替这一原理奠基础的是洛克。

霍布士的唯物论，被当时自然科学的发达水准及当时英国布尔乔亚的诸关系约制着。霍布士的关于感受的见解，显然受了当时生理学者哈威（Harvey，1578—1657）[2]对于血液循环的见解的约制。再就当时英国社会的诸关系说，从来的封建贵族，随着资本制生产的发展，变成布尔乔亚化的贵族，布尔乔亚和贵族是妥协的。所以，具有布尔乔亚内容的哲学，这作为布尔乔亚的唯物论的霍布士哲学，同时又是一部分进步的土地贵族的哲学，并不是什么不可思议的事。

布尔乔亚的第二件伟大的反封建斗争，起于英国了，这就是克伦卫耳（Cromwell）[3]所领导的由 1642 年到 1649 年的改革活动。这一活动的结果，实施了十年多的共和政治。接着来了“王政复古”，1688 年又来了一个“名誉革命”[4]。经过改革活动，以及不可避免地要到来的对抗这一活动的反动后，重力的新中心渐定，“新的出发点”放好了。新的出发点是什么？是新兴布尔乔亚和封建地主间的妥协。幸而英国从前的封建诸侯，已在巴拉战争中互相残杀，事实上农奴制早于十四世纪消灭了。封建诸侯的后继者们，“虽然大部分出自旧门阀，但离开直系已远，他们所具的布尔乔亚的习惯和倾向为多，于是完全形成这么一个新的集团。他们充分知道金的价值，所以立刻驱逐千百个小农

---

① 《马克思恩格斯遗稿》，第 2 册，第 237 页。——原注

② 哈威（William Harvey，1578—1657）：通译哈维，英国医生，实验生理学的创始人之一。著有《动物心血运动的解剖研究》、《论动物的生殖》等。——编者

③ 克伦卫耳（Oliver Cromwell，1599—1658）：通译克伦威尔，17 世纪英国资产阶级革命中，资产阶级—新贵族集团和代表人物、独立派的首领。——编者

④ “名誉革命”：现通译“光荣革命”。——编者

民，拿土地来养羊，用以造出地租的增加”。[①]

这么一来，英国的封建贵族，就比较早地布尔乔亚地主化，想依工业生产的发达，间接得到他们的利益。因此，英国封建大地主中，“常有一部分人，从经济的乃至政治的理由出发，希望和金融，产业布尔乔亚的指导者协力。”[②]1689 年中，布尔乔亚和旧封建地主间，所以容易成立妥协的，就是基于这种情形。

另一方面，由于这一妥协，英国布尔乔亚便成了公认的支配社会要素的构成分子。肩着卡尔文的新教旗帜向 1649 年斗争的他们，没有能够把他们宗教的异端立场，彻底化到无神论。反之，他们现在不能不借宗教的力量，作对付国民中的广大生产群众的工具。因此，英国布尔乔亚，“原来是宗教的”。

总而言之，英国布尔乔亚，没有具备必然要达到坚决的唯物论及无神论的历史条件和社会条件。这个本质上是布尔乔亚内容的唯物论及无神论，在英国竟被贵族（布尔乔亚化了的）中的优秀部分，主张只适于他们那些有教养的人们，所以英国唯物论的理论形态，大体上是非大众的、贵族的、宗教的东西。

霍布士唯物论，把当时的市民社会，当做“万人对万人的斗争”把握过。用黑格尔的话说，市民社会是“精神的动物界”。[③]照霍布士见解，人类的本性，就在于“人类是对人类的狼”这点上。市民社会之所以是“万人对万人的斗争”，正因着人类的这一动物的本性。他的这一见解中，清楚地反映着当时英国布尔乔亚竞争中诸种社会的关系。于是霍布士自己从英国唯物论的这一关于人类本性的原理中，引出君主的必然性来。唯物论在霍布士手中，表现为君主的大权和万能的拥护者了。

---

① 参见恩格斯：《社会主义从空想到科学的发展》，“英文版导言”，见《马克思恩格斯选集》，第 3 卷，第 393 页，人民出版社 1972 年版。——原注

② 同上。

③ 黑格尔：《精神现象学》，第 285—300 页。——原注

第三节　洛　克(1632—1704)

培根和霍布士所没有详细奠定基础的根本原理，所谓知识及诸观念在感觉世界中有其根源的原理，由他们的后继者洛克(John Locke)，从研究人类悟性的起源中，替它筑了一个基础。因此，他便完成了英国唯物论之经验论的体系，并且开始给了英国唯物论以理神论的形态。不消说，霍布尔及洛克的布尔乔亚唯物论，在当时不能不有唯心论的反对者出来对抗。当时保守的贵族唯心论的反动中，多少采取了新的形态的，是所谓“剑桥的柏拉图主义者们”，他们以拿夫·克得华士(Ralph Cudworth，1617—1688)[①]为中心。他们站在柏拉图的唯心论立场，并部分地吸收笛卡儿哲学，来驳唯物论及无神论。但是，英国布尔乔亚的唯物论的发展，却没有因此而受到丝毫实质上的打击。

洛克生于布里斯特的郊外，父亲是个自由思想家，在议会党中受克伦卫耳的指挥，为争取布尔乔亚的发展而斗争，他的父亲是地方的乡绅，这地方的乡绅层，构成克伦卫耳的主要势力[②]，他和培根及霍布士不同。生长在这样父亲的家庭中，对于他做布尔乔亚思想家，确有着特殊影响。他和培根及霍布士相比，布尔乔亚的性格要显著些。他是英国布尔乔亚的启蒙哲学家。在政治的立场上，他是布尔乔亚的自由主义者，这是和霍布士不同的地方。他为了个人的自由、经济的自由、宗教的自由、政治的自由，从事于活动，所以被呼做“近代自由主义之父”。不过虽是这样，他却不能跳出一般英国唯物论的历史限界。

---

① 拿夫·克得华士(Ralph Cudworth，1617—1688)：通译为库德华兹，又译卡德沃思，英国哲学家，剑桥柏拉图主义学派代表之一。主要著作有《宇宙的真正理智体系》、《永恒不朽的道德》等。——编者

② 马克思：《资本论》第1卷，第761页。——原注

他曾就学于伦敦及奥古斯浮特。在哲学上，放弃经院哲学，主要地研究笛卡儿、加山第及霍布士。除哲学外，还研究自然科学，尤其化学及医学。医学的改革者西得兰(Sydenham)、有名的科学家波以耳、往年牛顿，都是他的朋友。洛克的少年时代和青年时代，在内乱及克伦卫耳的共和时代下过去了。1665 年，随英国公使出国游德，归国后，从 1667 年起，在沙夫慈柏里的家庭中，当了八年的秘书、家庭医生及教员。沙夫慈柏里坍台后，他从 1675 年到 1679 年，在法国旅居，复于 1683 年跟着他的主人沙夫慈柏里游荷兰，在那里住到 1688 年。他在荷兰写过一部《宗教宽容论》，从 1689 年起，才渐渐匿名发表出来。1688 年的改革成功后，他再回故国，从此开始文笔上的活泼的活动。他的主要著作，差不多全是从 1689 年到 1695 年的这期中写成的。哲学上的主著《人类悟性论》(*Essay on Human Understanding*)，已在 1670—1671 年中，构想成功，完成则在 1687，到了 1690 年，才印成四卷问世。他的著作中，多数和霍布士不同，是用英语写出来的，并且内容也易于使市民理解。真的，洛克表现了"从十七世纪到十八世纪的转换期中英国布尔乔亚的典型"，"他的毕生工作，就是辩护、拥护英国布尔乔亚以成就十七世纪英国革命的妥协"。[①]

洛克哲学开始于否定"天赋观念"，对经院哲学斗争，对笛卡儿及剑桥的柏拉图主义的斗争。和霍布士的数学的唯物论比起来，洛克的唯物论是更实验科学的、具体的东西。依他看来，一切的认识，都是后天获得的，并且最抽象的认识，最迟地获得，并没有天赋的观念。人心的最初状态，是一幅"白纸"，它被"一个言词"即经验所塞满。一切的观念，只有通过经验才能获得。经

① 麦林:《哲学史》，第 27 页。——原注

验的起源是双重的即是感觉和反省。换一句话,就是从外的对象得来的东西和内的观察(反省)。外的知觉和内的知觉(反省),是替我们内部的暗室照明的两个窗户。悟性同暗室中的模糊镜子一样,它虽然“反射”事物,但反射时却把事物变形,或圈成几束,或分离成几个种类。

外物在我人中唤起种种表象来的性质,有两个种类:第一种类是现实地现存于物体中的东西,如不可入性、延长、形态、数、可动性。这些都属于第一种类,即“第一性质”。第二种类是仅存在于我人表象中的东西,物体中没有它们,如音、色、嗅觉、味觉、触觉。这些都属于第二种类,即“第二性质”。我们的感觉,因冲击而产生,冲击是从外的对象经由神经路径而传达到脑髓的。对象中有种“力”,是固有的东西。

我们的观念,起源于感觉,它还分为“单纯观念”和“复合观念”。单纯观念或仅从一个感官生出来,或由若干感官的结合而来,那或因反省而生,或因感官知觉和反省结在一起而生。单纯观念是认识的根本材料,由于藉悟性的助力而生的结合,便从单纯观念中生出“复合观念”,就是样态、实体、关系三者。

认识乃知觉,基于这些观念而形成。就认识的确实性说,单纯观念当对象显示于“很有秩序”的感性的知觉中,是明晰的,复合观念当单纯观念明晰时,它也明晰。不要何等证明的直观(如我们自身存在的认识和同一律,1+2=3 之类),是最单纯的认识,同时又是最高形式的认识。论证的认识,因许多直观的认识相互结合而获得。在洛克看来,关于数学命题的真理及神的存在之认识,就是这种论证的认识。洛克承认神的存在,他认为一切认识所由出发的感官知觉,固然不外于我人外的存在之作用,可是那个作用的方法和特性,却由神给与着秩序。当然,洛克把神学放在科学的领域外了,但他也和培根一样,不否定神的存在。

洛克在哲学史上的意义，就在于他想拿认识论整合培根及霍布尔的唯物论，并“从自己研究人类悟性的起源中，替培根及霍布士的原理，筑了基础”。但是，他的唯物论是经验论，是机械论的形而上学的唯物论，是不完全的唯物论。唯物论在他手中，并没有彻底。他虽认一切认识的出发点是感官知觉，而感官知觉的原因是外的实在，从这样的唯物论立场出发去探究，可是却没有能够贯彻这一唯物论。他把经验的起源，分做感觉和反省，从感觉导出物体的实体，从反省导出精神的实体，因而认为精神也是实体，陷于入二元论中去了。这显然是唯物论的混乱，唯物论的不彻底。他又区别出现存于物体中的“第一性质”，和仅在于我人表象中而不是存于物体中的“第二性质”，但这仍是机械论的二元论。他把感觉和悟性，作形而上学的机械论的观察，所以，他的唯物论在认识的真理性这问题上，也完全动摇起来，混乱起来。试看他一方面，虽然承认和实在相照应的真理（感觉），他方面，却又主张不必和实在一致而作为诸观念的整合组织的真理。他不能贯彻模写说的唯物论，所以唯物论的原理所谓认识的真理性，就是存在和观念的一致，这点没有在他手中贯彻。在他看来，感觉虽靠外的实在而作用，但认识却不一定是存在的模写。

洛克的这一模写说的唯物论之不彻底，也和他对于感觉和思维所作的形而上学的机械论的把握，有着关联。如果贯彻模写说的唯物论，那么概念和法则，也不能不是外部实在的模写，因而概念（普遍）和感觉（个别），便应该被统一。但是，不能贯彻模写说的唯物论的洛克，当然要把感觉和概念，机械论地形而上学地分离。尽管他把根源性放在感觉上，却没有唯物辩证法地把感觉和概念统一起来。洛克的唯物论，是当做不完全的机械论的一种经验论，那上面没有确立感觉及概念的认识，就是客观实在的模写这原理。所以，洛克的经验论中，已经准备了一条到不可知论（他认为外界物的存在是不可知的）和主观的唯心论去的路。

洛克唯物论的那种不彻底性，受了当时的自然科学，尤其生物学及生理学的发达水准的约制，受了当时已成支配的社会要素构成分子的英国布尔乔亚的立场的约制。所以，他的唯物论不能成为无神论。他承认神的存在及神的启示，只不过认为没有理性的明白证明，启示就没有妥当性。他说："神所启示者，无疑地是真，可是什么是神的启示，什么不能算是神的启示，必须要理性来判定。"这样，他的唯物论就成为"理神论"了。他给理性以最后的审判者的地位，这开始替英国理神论奠下了确定的哲学基础。他的理神论，"他的'合理的基督教'，就是适合于'名誉革命'的要求的基督教，以外什么都不是。"[①]

继承洛克的这一倾向的英国理神论者，有约翰·托兰（John Toland，1672—1722）[②]、安托尼·科林兹（Anthony Collins，1676—1729）[③]等。他们"打毁了洛克感觉论的最后的神学限制"。[④]

科林兹把洛克的自由主义，更加发展；托兰在1704年写给塞烈那的信中，废除了对于启示的信仰，废除了对于世界外的一种人格神的信仰，废除了对于个人不死的信仰。托兰并批判了笛卡儿及斯宾诺查唯物论中的形而上学的要素，反对把物质还

---

① 麦林：《哲学史》，第29页。——原注

② 约翰·托兰（John Toland，1670—1722）：亦译托兰德，英国哲学家，自然神论者。著有《基督教并不神秘》、《申辩》、《政党统治的艺术》、《致塞林娜的信》、《泛神论》等。——编者

③ 安托尼·科林兹（Anthony Collings，1676—1729）：亦译柯林斯，英国哲学家，自然神论者。著有《关于人类自由的哲学研究》、《论基督教的根据和理由》、《论自由和必然》。——编者

④ 《马克思恩格斯遗稿》，第2卷，第227页。——原注

原于延长的抽象的形而上学的方法。他把运动看做物质的内的属性，认为空间上的位置变化，不过是物质的运动形态之一。他又批评牛顿的绝对时间和绝对空间，主张时间及空间是物质的属性。托兰的唯物论，是十七世纪的唯物论到十八世纪的法国唯物论的过渡。

洛克的唯物论中，已经准备两个相反的道路：一方是走向柏克烈的主观唯心论、休谟的“怀疑论”及一般不可知论的路；他方是经过托兰而到唯物论的完成化去的路。洛克的唯物论移于法国后，变成法国唯物论的一个泉源。它“如同被呼唤地，从海峡那边渡过法国来。它到了法国，如同被久候着的客一样，受到狂热的欢迎。”[①]

① 《马克思恩格斯遗稿》，第 2 卷，第 235 页。——原注

第三章　大陆的唯物论(合理论)

第一节　笛卡儿及加山第

近代唯物论的发展，从两个泉源出来，一是“近代唯物论的故乡”之英国唯物论，一是欧洲大陆尤其法国笛卡儿的唯物哲学。作为完成了的布尔乔亚唯物论看的十八世纪的法国唯物论，就是发生于这两个泉源的唯物论的两个方向——由笛卡儿到斯宾诺查的系统和英国唯物论，尤其洛克的唯物论——的统一。

把近代的课题——理性对宗教的斗争，站在随文艺复兴到复活的唯物论传统上，加以遂行的人，在欧洲大陆有笛卡儿和加山第。笛卡儿被呼做近代哲学之父。费尔巴哈说:“近世的课题，就是神的现实化和人类化，神学向人类学转化并解消。”[①]如果说这个近世课题——神的现实化和人类化——的宗教的作法或实践的作法，就是福音主义，那就这个课题的哲学的作法或理论的作法，就是思辨哲学(合理论)了。这一思辨哲学(对神作合理的理论的研究及阐明)，由笛卡儿准备后，再由斯宾诺查把它作为“颠倒了的无神论”即泛神论而确立起来。它的理论内容，全是唯物论的。当封建的诸关系被布尔乔亚化时，布尔乔亚社会便具着一种封建的假象。具着神学假象的无神论、思辨哲学、理想王国的哲学，这就是“布尔乔亚王国的理想化”的哲学。大陆的唯物论，正是这种理想的哲学。

---

① 费尔巴哈:《将来哲学的根本问题》。——原注

一、笛卡儿(1596—1650)

十七世纪的布尔乔亚唯物论，在英国表现为经验论，在欧洲大陆则表现为合理论。十七世纪的法国，经济的发展比英国显然落后，尽管那里有布尔乔亚生产的发展，封建的诸关系却不强固，布尔乔亚还没有掌握权力。法国的主要经济基础是农业生产，尽管对外贸易在发展，国内商业却显然被各领地的关税及教会税等，阻碍着发展。法国形成近代国家，略和英国同时代，是十五世纪后半纪的事。但是，国家的政治体制，却是身分制的绝对主义，连 1598 年曾被承认的新教信仰，到了路易十四手中，也遭完全废止，天主教仍维持其支配地位。在这里，封建的诸关系，一直强有力地存续到十八世纪，到了 1789 年，便不能不被一举而推翻了。看来，布尔乔亚的变革的道程，在法国和在英国不同。英国布尔乔亚在十七世纪末，已从对贵族的妥协中参与了权力，法国布尔乔亚在十七世纪时，却还没有像英国的布尔乔亚那么发展。往后到了十八世纪后半纪，法国布尔乔亚在自己的发展下，已完全没有和封建的诸关系妥协的余地了。

十七世纪的法国布尔乔亚发展得这样不充分，在笛卡儿(Descartes)的妥协的二元论哲学中，反映得最明显。布尔乔亚唯物论，在十七世纪的英国唯物论中，比较的首尾一贯，可是在笛卡儿的体系中，唯物论便只中途半端了。他那里，结合着两个相反的哲学原理，即是结合着唯心论的形而上学和机械论的唯物论的物理学。笛卡儿的这种半截的立场，实是当时法国布尔乔亚还没有充分发展的结果。

笛卡儿生于图稜州有根基的贵族家庭。从 1604 年到 1612 年，住 La haye 地方有名的耶稣社办的学校，在这里毕业后，17 岁时到巴黎当实习军官，更后，还在荷兰军队中供过职。那时恰逢三十年战争发生，他曾到信奉天主教的神圣罗马帝国的军队中去服务，随军往德国。1623年回巴黎，不久又往意大利去旅行，在意大利的各地过了三年。从意大利回国后，再到巴黎住过几年，这个盛行绝对主义和天主教的地方，不适他的意，于是在1629年，移居于卡尔文主义的共和国荷兰，在那里住了约二十年。他移居荷兰后，为求安静的生活，曾经迁寓13次，在荷兰的期间，完全献身于学问的研究，一切主要的著述，都是这一期中的产品。因为他的学说内容有一部分唯物论，所以受着天主教和福音教两派攻击，在乌得勒支地方，且被当做无神论禁止过。然而他自身对于宗教，并不是决定的斗争者，可说是妥协的。

笛卡儿哲学的特征，就是物心二元论。他为了求真理，曾做方法论的怀疑，他所采取的方法是：起首对于一切都怀疑，最后再达到完全确实而无可疑的认识。他的著名命题所谓"我思故我在"，就是这样获得的方法的出发点。他从这里便得出我的存在"我是思考者"的认识来，我之所以知道这件事，是经过"明晰而判明的表象"来的。"明晰而判明"，这就是笛卡儿的认识之真理性的规准。就是说，只有被明晰而判明地认识的东西，作为真理才妥当，只有判明是真的东西，才存在。据笛卡儿说，数学的方法，是"明晰而判明"的认识的第一模范，只有算术和几何学，是"一切真理的泉源"。他从"我是思考者"这一确实认识中，引出"灵魂（精神）"和神及物体的实体之存在来，把前者作为从事于思维的实体看，把后者作为无限的实体"最完全的实在"看。

据笛卡儿说，所谓实体，就是"关于自己的存在，不需要自己以外的任何东西为助的东西"（Principles）。物体和精神（灵魂），即是这种意味的实体。物体的属性是延长，精神的属性是思维，两者的性质不同。但是，这个物心的二元，物体和精神的两实体，结局就是第三实体的无限实体，即神所创造的实体。神是绝对者，不依存于别的东西，相反地，从事于思维的实体之精神，具着扩展的实体之物体。这两者却是有限的,谁也依存着神。物心这两者间,没有何等相互依存的关系,没有何等相互共通的性质。两者全是机械地分离了的二元世界。这样以神为中心的物心二元论,便是笛卡儿哲学的特征,那里没有全部否定神学的观念。把笛卡儿的这种二元论的不彻底,加以克服,把笛卡儿的唯物论方面,更加发展,是斯宾诺查的工作。

笛卡儿唯物论的不彻底、半截性,表现于其以神为中心的物心二元论中,在那中间,唯心论的形而上学和机械唯物论的物理学、天赋的观念和感性的知觉,二元地对立着。他那"明晰而判明"的认识原理,和他的"天赋观念"说紧密地关联着。他的哲学在唯心论的构造基础上,把唯物论的原理,部分地采进去。他的哲学体系的全体姿貌,他的学说的主要部分,是唯心论的,把神认做一切东西的创始者,认做永远真理的创始者。但是,他的哲学虽说是这样的唯心论,而其目标却在于认识现实的客观法则,他的物理学的内容,却是唯物论的。就是说,"笛卡儿在其物理学中,给物质以自己创造的力,把机械的运动,作为物质的生活行为去把握。他把他的物理学完全离开他的形而上学,在他的物理学范围内,物质是惟一的实体,是存在及认识的惟一根据"。因此,物理学在他的整个哲学中,占最重要的部分,它拿当时数学、天文学、力学的发展做着基础。但是,正如当时自然科学一般地是机械论的一样,他的物理学也是机械唯物论的东西。他把物质世界全作机械论的解释,以为动物也是一个机械。笛卡儿对于有机世界所作的这一机械论的把握,是工场手工业时代之特征的哲学。把动物定义为单纯机械的笛卡儿,他是拿着和中世不同的工场手工业时代的眼光去观察的。①

---

① 参见马克思:《资本论》,第1卷,第408页。——原注

笛卡儿的物理学，和他唯心论形而上学对立着，构成十八世纪的法国唯物论的一个泉源。笛卡儿想说明物理构造，认为物质由极微分子所构成，他的极微分子和德谟克里特及伊壁鸠鲁的“原子”不同，可以无限制地分割，并且绝对地充满空间。笛卡儿的第一功绩，就在于把运动认做物质自己的运动，认为运动不是存在于使运动者中，是存在于运动者(Principles)，主张运动的非创造性及非破坏性[①]，想从自然本身去说明自然现象。他站在这种见地上，反对经院哲学想从“使运动的原理”中去找运动的企图，反对一般对于运动所抱的目的论的概念。然而他这一关于运动的反目的论的理解，显然是机械论的，所以他把运动认做空间中机械的位置变化，认为那不是物质的永久属性(物质的存在形式)，而是物质的样态。因此，他根本不能统一物质和运动，固执着运动和物质的分离，笛卡儿主张运动的不灭性、非创造性、非破坏性，显然是一个进步，但他认为“宇宙中常保存同一量的运动”，把那当做这一运动的量的恒存律，单作量的表现，笛卡儿在这一点上不充分，因而他就不能理解种种运动形态的质的相互转化法则，因为对于运动理解得不充分，结局就不能说明运动的发生，只好把它看做神的事业，这是笛卡儿唯物论的物理学中的大缺陷。

笛卡儿第二功绩，在于把运动的思想采入数学，在数学中导进辩证法的思维，数学的转回点，是笛卡儿的变量，因此就把运动——同时也就是把辩证法导进数学中了。因此，微分积分学，也必然直接被导进。[②] 变量的数学对不变量的数学的关系，就同辩证法的思维对形而上学的思维的关系一样[③]。

---

① 参见恩格斯:《自然辩证法》。——原注

② 同上。

③ 参见恩格斯:《反杜林论》，第119页，人民出版社1970年版。——编者

二、加山第(1592—1655)

笛卡儿的物理学是唯物论，他的所谓"形而上学"却是唯心论。他的形而上学，"从诞生之日起，就把唯物论当做敌对者了"。[①] 它的敌对对象，在法国是加山第(Pierre Gassandi)，在英国是霍布士。"伊壁鸠鲁的唯物论复活者加山第"和笛卡儿的对立，就是唯物论和笛卡儿形而上学的对立。

加山第生于勃洛坊的农民家庭，10多岁时已经当了修辞学的教师，19岁时在厄伊任哲学教授及科学教授。他是一个著名的伊壁鸠鲁唯物论(原子论)的复兴者，然而他仍旧不是彻底的唯物论者。他首先承认神为万物的第一的原因，不过以后在神前的整个发展，当一切变化时，依然是不变的物质世界。加山第是"从教父们及实现了的无理性时代的整个中世所罚他的破门中，把伊壁鸠鲁解放出来了"的人。加山第的这个工作，"恰如想把基督教僧尼的上衣，套在希腊宙斯的明洁的肉体上一样"。因此，"与其说加山第能就伊壁鸠鲁的哲学来启发我们，不如说是从伊壁鸠鲁的哲学学习着"。[②]

三、笛卡儿主义

受笛卡儿影响的十七世纪形而上学者，有格林克士(Arnold Geulincx，1625—1669)[③]、亚尔诺(Arnauld，1612－1694)[④]、马尔

---

① 《马克思恩格斯遗稿》，第2卷。——原注

② 《马克思恩格斯遗稿·德谟克里特及伊壁鸠鲁的自然哲学之差异》，第2卷，第1册，第67页。——原注

③ 格林克士(Arnold Geulincx，1625—1669)：通译海林克斯，尼德兰哲学家、伦理学家，笛卡儿主义者。主要著作有《伦理学》、《真正的形而上学》等。——编者

④ 阿尔诺(Antoine Arnauld，1612—1694)：亦译亚尔诺，法国神学家、逻辑学家、哲学家，习称"大阿尔诺"(Le Grand Arnauld)。著有《逻辑学，或思维艺术》(与尼科尔合著)、《为圣父的辩护书》、《笛卡儿哲学精神》等。——编者

布兰基(Nicolas Malebranche,1638—1715)[①]、帕斯喀尔(Blaise Pascal,1623—1694)[②]等。

格林克士生于安特瓦希,基于笛卡儿哲学,认为我人的一切表象,纯粹是主观的,是我人精神定立的东西,结局,成了笛卡儿主义的二元论者。亚尔诺是法国人,基于笛卡儿主义的原则,著过《思索术》的逻辑学教科书。马尔布兰基生于巴黎,笛卡儿的合理主义,被他和神秘主义结合了。在他看来,如同空间是诸物体的场所一样,神是诸精神的场所,和诸精神互相结合着。因此,所谓真正认识物,就是从神中,从神的观念的光亮中去观察物的话。

第二节　斯宾诺查(1632—1677)

斯宾诺查(Baruch de Spinoza)站在笛卡儿放置的轨道上,一方面否定笛卡儿,他方面又完成笛卡儿。他批判了笛卡儿的神学唯心论,克服他那不彻底的二元论,使得笛卡儿的唯物论的部分发展起来。斯宾诺查哲学的根本立场是唯物论,他的这一唯物论的哲学,代表着十七世纪的模范资本主义国家荷兰的急进布尔乔亚的意识。在卡尔文主义的旗帜下,争取了独立的荷兰,是"十七世纪典型的资本主义国家",是资本主义的工场手工业时代的典型国家。

斯宾诺查生于阿姆斯德丹,是个犹太商人的儿子,是从西班

---

① 马尔布兰基(Nicolas Malebranche,1638—1715):通译马勒伯朗士,法国哲学家、科学家,笛卡儿主义者。主要著作有《真理的探究》、《论自然与神恩》、《道德论》、《形而上学和宗教对话集》、《论对上帝的爱》等。——编者

② 帕斯喀尔(Blaise Pascal,1623—1662):亦译帕斯卡尔、巴斯噶,法国数学家、物理学家、哲学家、散文家。主要著作有《几何学精神》、《致外省人书》、《思想录》、《为基督教辩解》等。——编者

牙移住于荷兰的犹太人后裔之一。他经过葡萄牙系的犹太学校,懂得犹太哲学家迈摩利德的哲学,并学习了数学、自然科学、医学等学问。他特别研究自然科学,同时也学笛卡儿的哲学。由于这样,他便渐渐脱离犹太教的信仰,结果于 1656 年 7 月 27 日,被犹太教拿"可怕的邪说"这罪名,宣布破门,逐出阿姆斯德丹,这时他才 24 岁。当时他用西班牙语写过抗议,用拉丁语写过辩明(《以〈圣经〉批判》),其后遂往荷兰的小街和村子中去住,研究笛卡儿哲学,建立他自己的体系。他的生计,靠在私塾当拉丁语和哲学的教授,或做磨镜子的工作,有时也得到朋友馈送。45 岁时死于哈谷。他生前匿名印行的《神学的政治的论文》(1670),含有《〈圣经〉批判》,1674 年被禁止贩卖,他的主著《伦理学》及《悟性改善论》,生前未能印行。他在世的时候,因为无忌讳地完全发表了自己反宗教反神学的意见,所以被攻击为"极端非宗教的著者"、"最激烈的无神论"。

斯宾诺查的哲学,是十七世纪伟大的布尔乔亚唯物论,伟大的布尔乔亚无神论。他的哲学的根本概念,是本体(实体)的概念,即自然的概念,他把这呼做神。他的这一神的概念,并没有何等宗教的内容。他的神,并不是什么超自然者,而是自然——物质世界——的本身。他的神,没有具着何等人格的属性,也不是世界的创造者,他否定人格的神,否定有形体的神,否定超自然的神,否定创造世界的神,明白地说,就是否定宗教的、神学的神。依他的见解,"所谓神,就是绝对无限的实在,它是从无限多的属性来构成的本体,那些属性,各表示其永远无限的本质"。[①]因此,"对于这一作为绝对无限的实在看的神",说它有形态,有人格者,"并非不条理的事"[②],并且在他看来,不能"本体从别的

① 《伦理学》,第一部,定义六。——原注

② 《伦理学》,第一部,定理十五,备考。——原注

本体生出"[①]，"本体不能从任何别的东西生出来"[②]。他说："神以外，不会有什么本体，也不能认为有什么本体。"[③]如果是这样，那种本体就应该不能由别的东西创造出来，因而超自然的神、创造世界的神，也就应该不会有了。

斯宾诺查又把这样的关系，用数学证明如次。他说："假定形体的本体是无限，就可把它分做两个部分来考察，于是各部分不是有限，便是无限，二者必居其一。就第一种情形看，将成为无限物由两个有限的部分来组织，这是不合理的事。就第二种情形看，将现出比别个无限物两倍大的无限物，这同样是不合理的事。"[④]这样，斯宾诺查的哲学内容，就是无神论。

斯宾诺查的哲学，并含着唯物论的根本命题。他用独特的方法，替自然的客观实在性及其根源性、统一性，建立了基础。他的唯物论，在其自然——本体——的思想及"自己原因"的思想中，集中地表现着。他把自然规定为本体即无限的客观实在，规定为一切东西的惟一根据，根源的东西，规定为"存在于自身中并且靠自身来理解的东西"，使自然的客观实在性和根源性，弄得明明白白，并在自然上贯彻因果性的原理[⑤]，从自然的本身（"自己原因"）说明一切自然现象，主张自然的统一性和自然的必然性。据他的观察，"自然中，没有一个偶然的东西，一切都被神的必然性质.决定在某种方法上存在并活动"[⑥]。斯宾诺查的哲学，承认世界、自然、物质的客观实在性，认为自然的原因，就在自然本身中，不认为超自然的神是自然存在的原因，以为一切

---

① 《伦理学》，第一部，定理六。——原注
② 《伦理学》，定理六。——编者
③ 《伦理学》，定理十四。——原注
④ 《伦理学》，定理十五，备考一。——原注
⑤ 《伦理学》，公理三及四。——原注
⑥ 《伦理学》，第一部，定理二九。——原注

东西都由因果的必然性支配着。他对于认识的真理性，曾说“真的观念，必须和对象一致”[①]，认定认识的真理性，存于客观的实在和观念一致的中间。从这点看来，斯宾诺查的哲学，完全具着唯物论的内容。

那末，斯宾诺查的哲学，怎样获得唯物论及无神论的内容了的呢？那是由于克服了笛卡儿的不彻底的二元论（精神和物体的二元论，神〔实体〕和现实世界的二元论），批判了笛卡儿的形而上学的唯心论，批判了他的神学思想。他把笛卡儿作为物体的属性看的“延长”和作为精神属性看的“思维”，结合在一个实体（本体）上。他承认兼有这两个属性的惟一实体（本体），把它呼做自然或神。由于这样否认自然的超自然原因，用“自己原因”来说明自然的存在，便把笛卡儿的机械唯物论彻底化了。笛卡儿因为唯心论、二元论的原故，还没有确立“自因”的思想，虽然主张了运动的非创造性、非破坏性，而思想还没有彻底化到“自因”。斯宾诺查虽和笛卡儿同是出发于“实体（本体）”的概念[②]，但他却有不同于笛卡儿的地方，即是确立了惟一本体的自然。因此，斯宾诺查第一不赞同笛卡儿把“精神”作为独立的思维实体看，排斥了他的这一唯心论的原理，第二不赞同笛卡儿把神作为自然及运动的创造者看，排斥他这概念。

但是，虽说斯宾诺查有着这一唯物论的进步，虽说他的哲学有着唯物论的内容，但我们仍不能不注意他的唯物论有许多不彻底的地方。斯宾诺查把自然看做“本体”，但同时他却又说这“本体”是“神”，因而他的哲学成为泛神论了。这一泛神论，诚然

---

① 《伦理学》，第一部，公理六。——原注

② 笛卡儿替实体（本体）下一定义道：“关于它的存在，不需要任何别的东西来为力。”（《原理》）斯宾诺查也替实体（本体）下一定义道：“它是在自身中并且靠自己来理解的东西，它的概念，不需要别物的概念为助而能形成。”（《伦理学》，第一部，定义三）——原注

在费尔巴哈所谓“无神论”是颠倒了的“泛神论”[1]这意味上，它是颠倒了的无神论，因而也就是颠倒了的唯物论，可是却不是彻底完成化了的无神论和唯物论。斯宾诺查哲学，实是穿了形而上学的神学衣裳的无神论和唯物论。这是他的时代约制的，他的社会约制的。

斯宾诺查的这一唯物论的不彻底，和他的形而上学的机械论密切地关联着。斯宾诺查，对于神学的思想，拿事物之因果的被约制性的理论来和它对峙，确立“自己原因”的思想，由此把自然现象的一般交互作用，及内在关联的思想，发展起来。“斯宾诺查说‘实体是自己原因’，这适切地表现着交互作用。”[2]但是，他的这一相互作用的理解，不是充分辩证法的理解，他把物体的相互作用，仅认做单纯的机械作用的形态。同时，在他看来，运动只是形态所固有的东西，不是实体自身的属性。从这一点说，他对于运动的理解，并不是辩证法的。他不能辩证法地唯物论地统一思维和存在，把思维作为本体（实体）的永久属性来规定，形成唯物论的不彻底，这一点和他的机械论方法相关联。他不把物质的变化，作为发展去观察而作为同一质的纯粹量的差别考察着。最后，再说斯宾诺查对于自由和必然的理解，的确辩证法地踏进了一步。他说：“单因其性质的必然而存在，且单由其自身来作行为的决定，这叫做自由。相反地，在某种一定的方法上存在并活动，由别的东西来决定，这就是必然，或者可说是强制。”[3]但是，他仍没有抓住自由和必然的正确辩证法的统一。

总之，斯宾诺查的唯物论，根本是形而上学的机械论的唯物论，是不完全的唯物论。他的所谓实体（本体），是“和人类分离

---

① 费尔巴哈：《对哲学改革的提议，将来哲学的基本问题》。——原注

② 参见《马克思恩格斯选集》，第 3 卷，第 552 页，人民出版社 1992 年版。——编者

③ 《伦理学》，第一部，定义七。——原注

被形而上学地变曲了的自然”。这一实体,斯宾诺查只作为“知的直观”的对象去把握,它是被“在永远形态下”直观的对象。这里有着斯宾诺查唯物论的非实践的理想的性格。

斯宾诺查的唯物论,虽然这样不充分,但他仍是十七世纪的伟大唯物论者、无神论者,我们定要注意这一点。斯宾诺查的哲学,的确还穿着神学的形而上学的衣裳,然而它的内容却是唯物论及无神论。因为他的哲学有着这样的进步内容,所以被保守的哲学家们攻击,说他是“欺骗者”“咒咀者”,在勒新[①]的时代被孟德尔逊[②]骂做“死狗”。

浅薄的孟德尔逊“给勒新的信中说:‘死狗斯宾诺查,如何能做真正的对手’”[③]。但是,这个当时不遇的斯宾诺查,现在要把他高高地评价为十七世纪最进步的唯物论者及无神论者,这是我们时代的任务。

第三节 莱布里兹(1646—1716)

斯宾诺查所彻底化了的机械论唯物论,在莱布里兹(G. W. Leibniz)手中显然**后退**着。莱布里兹企图将机械论和目的论的妥协融洽相结合,他自身是**唯心论的明白代表者**。他的唯心论哲学,是对于十七世纪的唯物论(斯宾诺查唯物论)及英国唯物论的反动。但是,莱布里兹的哲学,虽有着这一**唯心论的反动性**,却也密切地和当时机械论的唯物论的自然科学的发达结合

① 勒新(Gotthold Ephraim Lessing,1729—1781):通译莱辛,德国哲学家、美学家,社会、戏剧和宗教评论家。著有《拉奥孔》、《智者纳旦》、《人类的教育》等。——编者

② 孟德尔逊(Moses Mendelssohn,1729—1786):通译门德尔松,德国哲学家、神学家。主要著作有《哲学谈话》、《论形而上学的证明》、《斐多或论灵魂不死》、《耶路撒冷》、《晨更或关于上帝存在的讲演》等。——编者

③ 参见《马克思恩格斯选集》,第 32 卷,第 672 页,人民出版社 1975 年版。——编者

着，它自身且积极地促进着这种发达。从这一点说，莱布里兹在十七世纪的哲学界中，实占着一种特异的地位。

莱布里兹生于德国的莱蒲季锡[①]，他的父亲莱布纽兹是法律学者、莱蒲季锡的大学的道德哲学教授。他的本姓原为莱布纽兹，1669 年改为莱布里兹。他在莱蒲季锡大学，除哲学外，还学习法律学、修辞学、自然科学。出了莱蒲季锡大学后，移住亚尔德尔夫，在那里获得了法学博士的称号。1667 年起，任职于马因斯的选侯约翰·琲力霸那里，1672 年，奉政府的命令赴巴黎。在旅居巴黎当中(1672—1676)，研究笛卡儿、霍布士、斯宾诺查的哲学，并研究数学、物理学。1676 年末，从巴黎移于汉诺威，受任那里的宫中顾问及图书馆长。他这次回国的途中，曾经过荷兰会晤斯宾诺查。1691 年在汉诺威卸职，其后复供职于柏林及维也纳的宫中，并会过俄国的彼得大帝。他的生涯，主要是在德奥的诸侯身边过活。他的活动，主要是调停，融洽新教和旧教，合一、融合封建的要素和布尔乔亚的要素。他反对十七世纪的布尔乔亚唯物论及无神论，写了一部《辩神论》，想融合机械论的自然观和目的论的唯心论和自然观，调协近代思想和基督教思想，调协近代唯物论的哲学和经院哲学的唯心论(宗教)。

莱布里兹的唯心论哲学，对于斯宾诺查的唯物论及无神论，采取反对立场，拿目的论的唯心论对峙机械论的唯物论。他想使得宗教和理性调和，主张除由“作用因”说明的“自然王国”外，还有由“目的因”说明的“恩宠王国”。他说：“这两个王国到处互相渗透，但两者法则决不互相混淆，也不互相扰乱。”他又反对洛克的唯物论(英国唯物论)，强调“天赋观念”的思想。

他反对斯宾诺查的实体(本体)，定立一种唯心论的实体，那

① 今通译莱比锡。——编者

是已经不能分割的单纯实体，因而是非物质的实体，精神的实体，叫做“单子”。他在 1714 年成立了《单子论》。他的“单子”是“成为合成体的要素的单纯实体”，它没有“单纯即部分”[①]。它因为没有部分，所以“也没有形态，也没有延长，也没有分割”，是“自然界的真正原子”[②]，然而却不是物质的原子，是精神的原子。他说，对于这作为精神原子的“单子”，“给它一个灵体的名称也许妥当”[③]。并且这作为精神实体的“单子”，靠神的事业而生灭。“就是说，它因创造而发生，因绝灭而消失。”[④]

依莱布里兹的见解，物体若据其本质说，也是非物质力，它的形和运动，都不外于这个力的结果。实体不是——如斯宾诺查所观察——从意识和空间性相矛盾了的属性来理解的，而是由固有的意识即精神的表象活动，直接呈现于我们的面前。这个实体，就是莱布里兹所谓既“没有容别的东西出入的窗户”[⑤]，“也没有延长也没有形态，也没有分割”的“单子”，它的活动，存在于表象和表象朝着变化走的动向上。因此，莱布里兹把物质认做惟一真正的精神实体即“单子”的契机、或现象。那由神所预定、整备的法则，即“预定调和”说，建在这唯心论的单子论——机械论和目的论妥协融洽的理论——上面。

莱布里兹的这种唯心论的妥协哲学，是十七世纪的德国布尔乔亚未发达的产物。十七世纪的德国，经济上、政治上，比起英国、荷兰、法国来，都显著地落后。十六世纪的宗教改革和农民战争，没有拓开布尔乔亚取得权力的道路，结果反“使德国在

---

① 《单子论》〔1〕。——原注

② 《单子论》〔3〕。——原注

③ 《单子论》〔18〕。——原注

④ 《单子论》〔6〕。——原注

⑤ 《单子论》〔7〕。——原注

两百年中，不列于欧洲政治上活跃的各国民之内”[①]。十七世纪的德国，布尔乔亚的诸关系发展得不充分，布尔乔亚对于封建领主的对立，也没有发展到何等程度，当时德国的科学水准也低下。所有这些事实，正是莱布里兹的唯心论及其对于烦琐哲学、宗教妥协的社会根据。

我们虽然承认莱布里兹的哲学中，有着上述唯心论的反动性，但同时却也看出辩证法思想的要素。他所创造的微积分学，把笛卡儿用变量的数学所作的数学走向辩证法的转回，弄成确定的东西了。就是说，数学中导进辩证法，虽因笛卡儿的变量而成功了，但却是由莱布里兹（牛顿）把它全体完成的[②]的。并且，莱布里兹是无限关系的数学的创始者，那个归纳法的笨货牛顿，对于他作为剽窃者并扰乱者而出现着。[③] 莱布里兹的哲学即单子论，虽也唯心论地、神学地歪曲着，却还明示着发展、变化、运动的思想。他虽然是站在神学的形态下，却达到物质和运动不可分离的关联原理。他认为万物皆变化，绝对没有不变化的东西存在。他说：“一切被造出了的东西（万物）及被造出了的单子，皆变化，这一变化完全连续地进行。”[④]他这样把无限的发展、变化，作为原理来承认，实对于辩证法思想的发展有着大意义，可惜他没有把这一发展、变化，作为辩证法的矛盾、质的飞跃抓住。他顽梗地固执着绝对的连续律，从这点上说，还不是辩证法的哲学家。

---

① 参见《马克思恩格斯选集》，第 3 卷，第 391 页。——编者

② 参见恩格斯：《自然辩证法》，见《马克思恩格斯选集》，第 3 卷，第 532 页。——编者

③ 同上。

④ 《单子论》〔10〕。——原注

其后德国的倭尔佛[1]及倭尔佛学派，抛弃莱布里兹的生活的要素——积极的内容——而展开他那烦琐的反动的方面。

---

① 倭尔佛(Christian Wolff,1679—1754)：通译克里斯蒂安·沃尔弗，德国哲学家。主要著作有《理性哲学或逻辑》、《普遍宇宙论》、《自然神学》、《实践哲学》、《道德哲学或伦理学》等。——编者

第四章
主观的唯心论及不可知论(十八世纪)

第一节　柏克烈的主观唯心论

对于十七世纪的唯物论及无神论的唯心论反动,在德国表现于莱布里兹的哲学中,到了十八世纪,更发展而为倭尔佛学派的神学的唯心论。在英国,十八世纪的唯心论反动,以露骨的姿态在僧正柏克烈(George Berkeley,1685—1753)的身上表现出来[①]。原来洛克的经验论哲学中,已经准备了两个系统的发展道路:一条路走向十八世纪的法国唯物论,另一条路走向柏克烈和休谟的唯心论,不可知论。

僧正柏克烈反对十七世纪的英国及大陆的唯物论,反对十八世纪的法国唯物论,想把洛克经验论,加以主观唯心论的变造,拿来拥护宗教。英国布尔乔亚基于1688年的妥协,成了支配的社会要素之一构成分子,表露着他们的宗教性,像柏克烈的主观唯心论和不可知论等的反动,其生起的社会根据,就是英国布尔乔亚的宗教性。英国布尔乔亚,原来就是宗教的,所以英国布尔乔亚的唯物论,没有彻底化到最后程度,终于成为贵族的密教教说、理神论而已。

如果说唯物论在十七世纪做了法国布尔乔亚的信条,那么"畏神的英国布尔乔亚,愈加顽固地信奉他们的宗教去了"。英国的哲学,没有基于自然科学的发达,作为唯物论来日益完成

① 僧正柏克烈:现通译贝克莱主教。——编者

化、体系化，相反地，一到十八世纪，就离开自然科学的基础，转化为替保守的宗教作哲学辩护的唯心论，因而产生了为着拥护宗教而来的柏克烈唯心论的反动。

柏克烈生于爱尔兰的名门贵族的家庭，从1700年到1713年，都在故乡的达布林大学，始而做学生，继则当神学讲师。出了这个学校后，1734年任南爱尔兰的僧正。他反对唯物论者和无神论者，自不消说，并攻击一切方向的自由思想家。

僧正柏克烈认为拥护宗教是自己的天职，把一切信仰唯物论的人，当做仇敌般的攻击。他对于洛克的经验论，非难、排斥其唯物论内容的方面，高扬其观念、认识——这在柏克烈是感性的表象——的主观性。因此，他建立“存在就是被知觉”(esse＝pescipi)的主观唯心论，想藉此来拥护宗教和神。

他为了拥护宗教的目的，首先不能不拒绝意味着“神的否定”之物质的实践。他说：“物质或没有被知觉的物体之存在，不仅做了无神论者和宿命论者的主要支柱，并且形形色色的偶像崇拜，也依据着这同一的原理。”①“同样，这一基础上，筑着无神论否定宗教的一切无信心的组织。……物质的实体，对于一切时代的无神论者是怎样的好伴侣，这有述说的必要么？”②这里，柏克烈想拿他的主观唯心论，来证明物质的实体不存在。否定唯物论所必然要达到的“有害”归结之无神论，拥护保守的宗教，这是柏克烈的任务，这一任务驱使他达到主观的唯心论，对唯物论作斗争。

据柏克烈说：“一切物质的东西，不过是印象的集合。”“用视觉，我得到那有着种种程度和变差的光及色的观念。用触觉，我知道硬软、温冷、运动和抵抗……。用嗅觉，我知道香臭。味觉

① 《人知原理论》，第94节。——原注

② 《人知原理论》，第92节。——原注

使我得到味，听觉把……音输入心中。这些观念中有几个结合在一起来被视察，它们就获得一个名的略称，被认做一个物。例如一种色、味、香、形、硬度，这些观念集合在一起而被观察，就被看做一个特殊的物，用苹果的名称表现它。别一些观念集合，又各自构成一块石、一棵树、一本书及其他被那样感觉出来的东西。”①他这就是说，离开用知觉，物的存在绝对不可能。他认为物的存在，不外就是被知觉出来的事情。于是他拒绝离开意识而独立的客观的实在，打击唯物论。

柏克烈的这种见解，结局必然成为一切物都是我的观念的集合，因而别人的存在，也是我的观念的集合。所以，柏克烈的唯心论，是主观的唯心论。他从洛克的经验论中，完全去掉唯物论的内容，夸大地引出感性知觉的唯心论，主观的唯心论来。但是，这一主观的唯心论，是一种不可救药的理论矛盾，那不会维持下去。我们的日常实践，证明物质离开知觉而独立地存在着。他为要逃避这种矛盾，就请出他所假定的神来，说神是比人心更大的心、更强的心。我们的周围的物，纵然我们不知觉，那时也作为内含于神这伟大的心灵中的观念而存在。我们所知觉的观念，是神赐与我们的观念。我们意识中的经验的水流，即被知觉出来的观念之发生和消灭，也是神的事业。观念（感觉）的原因，不是物质的实体而是神，因之观念的变化，也不是客观事物的变化之反映。

这样一来，他便否定诸事物的内在关联、因果关系。他说：“观念的结合，不含着原因和结果关系，只含着标识或记号与被记号者的关系。”②

不消说，柏克烈的这一主观的唯心论，完全陷于错误中。在

---

① 《人知原理论》，第1节。——原注

② 《人知原理论》，第65节。——原注

那上面，不仅人类的认识全被感觉所解消，并且关于觉察物的性质的感觉，也和物的性质本身，被一定感觉的结合所替代。柏克烈为了解救主观唯心论的矛盾，虽然把神抱出来了，其实这个神的观念，和他的主观唯心论是相矛盾的东西。为什么呢？因为一切物既是感觉的集合，而并没有在感觉上给与我们。

柏克烈的这一主观的唯心论，到十九世纪末以来，又由马哈及阿维那留斯等“经验批判论者”把它复活了。

第二节　休谟及不可知论

休谟[①]，是苏格兰一地主次子，生于爱丁巴拉。他作了一个时期的商人之后，到法国去旅行，在那里写成他的处女作《人性论》。这书于1739—1740年在伦敦出版，丝毫反响也没有引起来。其后他又把这书加以改写，遂于1784年成功他的主著《关于人类悟性的研究》。他曾在维也纳、图稜、巴黎等处，供职大使馆秘书，在政府中是个保守的政治家，在社交界却是个才气蓬勃的自由思想家。从1767年到1769年做外务次官，处理一切外交文书。同时，他又是历史家，曾于1754年到1761年之间，写过普通《英国史》。

他和柏克烈一样，出发于洛克的经验论，在感觉论方面，全和柏克烈是同一的立场，不过归纳上却有不少不同的地方。他的不可知论，比柏克烈的主观唯心论接近于洛克的经验论。

他和洛克一样，区别“感觉”和“反省”，可是他却首先从洛克的经验论中，把感觉论抽了出来。第一的感觉，是强烈而活生生的种种感觉或印象，其中包含爱憎、愿望、意欲。适当于第二的

① 休谟(David Hume,1711—1776)：英国不可知论哲学家。著有《人性论》、《人类理智研究》、《道德原理研究》、《政治论文集》、《宗教的自然史》等。——编者

"反省"的东西,是比较弱而且暗的种种观念或"思想",这在前者即"印象"的记忆中成立,是印象的模写。他不把包含感觉在内的一切观念、思维,认做存在的模写。反把感觉和存在隔离,认为思想是感觉即印象的模写。这里,有着洛克唯物论的唯心论化,即是有着他的唯心论的感觉论的第一步。这样一来,他和柏克烈一样,把物认做感觉的集合了。

据休谟说,没有预先的印象,就没有何等表象,哪怕一见极为抽象的表象,它的原像也必定可在印象中去发见。例如在几何学的观念上,最后的规准是感官和想象力。把经过感觉而获得素材,加以结合、调动、扩张,便成就一切的东西。诸表象或思想的必然结合,(一)由于类似,(二)由于空间的接触,时间的接触,(三)由于因果的联络,然而这些都是从经验产生的。照休谟看来,一切的经验证明,归着到我们从类似的原因期待类似的结果这点上去,结局,那就是归着到习惯力及由此力而生的信仰上去。

因此,我们在物和物之间设定因果关系,也不是独立地、客观地存在的,那是我们习惯的产物。休谟用习惯说明因果性。他说:某两种事物的感觉(观念)相伴相随而生,这件事一反复,我们就成为把这两者结合起来考察的习惯。从这里就生出因果性的思想来。因此,在物和物之间设定的关系和法则,结局也只有主观的意义。

柏克烈把因果关系认做神的告示。据他说,我们认做原因的现象,是我们认做结果的现象之记号,这记号,就是神的告示。但是休谟却不同,他从习惯来说明因果性,认为那既不是存在于我们意识外的客观实在的模写,也不是和神有关系。究竟休谟和柏克烈的这一不同点是从何处来的呢?在休谟看来,"感觉"是"第一次的、不可还原的意识形态"。所以他说:"心,任在何时，都没有现存于知觉以外的东西，无论如何，也不能达到关于知觉和客体结合的任何经验。所以，像上面想定的那种结合的事情，并无推理上的何等基础。为要证明我们感官的真实性，就依赖至上存在者的真实性，这实是走着完全不曾预想的大迂回。……一旦把外的世界提到问题上，恐怕我们就要穷于找寻足以证明那种至上存在者的定在……的论据了。”[①]

在柏克烈的见解，存在就是被知觉，因而柏克烈是主观的唯心论者。在休谟的见解，“感觉”是“不可还原的第一次的意识形态”，是“知识的根源”，可是感觉的起源，不能由经验来证明，那是不可知的东西，因而休谟是不可知论者，是怀疑论者。事实上，“他爱呼自己为怀疑论者”[②]。这里便有着两者的根本差异。休谟虽和柏克烈同是出发于感觉论的立场，却循着和柏克烈不同的道路。

归根说，休谟从“我们的知觉是我们的惟一对象”这命题出发，归结到一种见解：认为知觉不能从心和物及其他东西的作用来说明，也不能归之于外的世界及神的方面。就是说，他关于感觉的根源，是不可知论者、怀疑论者。他对于因果性的见解所以不同于柏克烈的原故，就在这里。

但是，休谟的这一认为关于客观的实在，我们什么不能知道的不可知论，虽说它主张客观实在的认识是不可能的，然而却在立论的出发点上，假定着客观的实在，横于知觉、经验外而“触发”感觉。这里实含着唯物论的要素。在一点上，不可知论不外乎是“害羞的”唯物论[③]。全自然界都受着法则的支配，可是——不可知论者们，多余地说道——“我们对于这已被知觉的宇宙之

① 《关于人类悟性的研究》，第 2 卷，第 12 章。——原注

② 韦拔：《哲学史》，第 419 页。——原注

③ 参见恩格斯：《社会主义从空想到科学的发展》。——原注

外"的实在,何种无上者的存在,"没有何等可以确定它,或否定它的手段"[1]。

这种不可知论——休谟主义的成立和柏克烈的唯心论反动同样,也是基于支配社会要素的构成分子之一的英国布尔乔亚的社会立场,基于他们日益变成宗教的了。在这种环境下,唯物论不会彻底化。休谟主义到了十九世纪的后半期,又以赫胥黎(Thomas Henry Huxley,1825—1895)[2]为中心,在英国复活起来。赫肯黎是"不可知论的适切而真实表现的创案者"[3]。

在十八世纪的英国,除休谟外,还有哈德立(D. Hartley,1705—1757)[4],普里斯特烈(Priestley,1733—1804)[5]等洛克主义者,他们"打破了洛克感觉论的最后的神学限制"[6]。

---

① 参见恩格斯:《社会主义从空想到科学的发展》。——原注

② 赫胥黎(Thomas Henry Huxley,1825—1895):英国卓越的生物学家。主要著作有《就动物学的证据论人类在自然界的地位》、《科学和文化》等。——编者

③ 列宁:《唯物论与经验批判论》。——原注

④ 哈德立(David Hartley,1705—1757):通译哈特莱,英国心理学家、道德哲学家。主要著作有《人的欲望和感情起源的研究》、《对人、其构造、其职责及其期望的观察》等。——编者

⑤ 普里斯特烈(Joseph Priestley,1733—1804):英国哲学家、科学家。主要著作有《论政府的第一原则》、《苏格兰哲学家研究》、《论物质与精神》、《哲学必然性学说例证》等。——编者

⑥ 《马克思恩格斯遗稿》。——原注

第五章 法国唯物论(十八世纪)

第一节 法国布尔乔亚和唯物论
——十八世纪法国唯物论的一般特征

十八世纪的法国唯物论,是彻底化了的布尔乔亚唯物论,它构成布尔乔亚唯物论一般的古典型态。

十八世纪的法国唯物论,对于敬神的英国布尔乔亚影响下的唯心论哲学——柏克烈一派的主观唯心论及不可知论,作为决定的对立者而发展着。它是十七世纪两个方向的唯物论的统一、结合,就是说,它把从笛卡儿到斯宾诺查的欧洲大陆唯物论和从培根到洛克的英国唯物论,作了唯物论的统一和结合。十八世纪的法国唯物论,一方面结束英国经验论中唯心论的倾向,他方面除去十七世纪欧洲[大陆]①唯物论的神学的、形而上学的外衣,基于这两点而成立了自己,实是过去唯物论诸流的总汇、结论,是布尔乔亚唯物论历史中的最高形态。

这一作为彻底化了的布尔乔亚唯物论看的法国唯物论,一方面对唯心论的反动作斗争,他方面批评先出现的唯物论的不彻底性,废弃它的唯心论的要素,由此便把自己确立为战斗的唯物论、无神论。布尔乔亚在这一法国唯物论中,才达到对宗教之大胆的决定的并且意识的斗争,才达到宗教的否定、无神论。在英国,由于布尔乔亚的妥协,唯物论不曾进展到和宗教及一切旧意识形态作决定的战斗,那算不得战斗的唯物论,只算得和宗教妥协的唯物论(理神论)、不彻底的布尔乔亚唯物论。但是“在法

① [ ]内字,按文意增补。——编者

国，唯物论就不仅是对于现存政治制度及现存宗教和神学的战斗，同时且是对于十七世纪的形而上学并一切形而上学的战斗。尤其是对于笛卡儿、马尔布兰基、斯宾诺查及莱布里兹等形而上学的公然战斗”[①]。

法国唯物论的这种战斗性质，表现在其对一切事情所作的唯物论批判中。“法国唯物论者不把他们的批判，单局限在宗教信仰的事件上，他们乐于斗争，不管科学的传统也好，政治的制度也好，把批评向着各方面。”[②]他们唯物论地说明一切问题，想立证唯物论的正确。他们对付封建的宗教，不拿异端的宗教武器，宁愿用无神论去对付。他们拿唯物论适用于一切知识领域所产生的结果，就是那有名的巨著《百科全书》，因此被叫做“百科全书”派。

十八世纪（尤其后半纪）法国的布尔乔亚，拿着不妥协的战斗精神，向着一举而扬弃封建制的方面努力，法国唯物论就是这一布尔乔亚的哲学。这个事实，说明着作为完成了布尔乔亚唯物论看的法国唯物论的战斗性质，说明了它的无神论的结论。当时法国布尔乔亚的方面，没有和封建制妥协的余地。到 1789—1793 年时，这个阶级还不曾获得权力。但是，资本主义生产日益发展，旧时代的制度对于这一发展，成了不能容忍的桎梏。封建制的扬弃，在英国是渐进地实现的，但在法国则非一举而成功不可。[③] 就是说，当时法国布尔乔亚，能够选择决定的战斗的路，经过它来达到自己的权力。法国的布尔乔亚的这一决定的战斗性，遂生出作为彻底化了的布尔乔亚唯物论者的法国唯物论及其无神论的结论来。

---

① 《马克思恩格斯遗稿》。——原注

② 参见《马克思恩格斯选集》，第 3 卷，第 394 页。——编者

③ 恩格斯：《关于费尔巴哈论纲》。——原注

在英国，布尔乔亚唯物论没有彻底化，也不是大众的东西。英国的理神论者们，纵然本质上不是驯良的基督教徒，是在一切场合却是信仰的人们。但是，在法国，布尔乔亚唯物论是在彻底化的形态上表现出来的，唯物论和理论神是大众的东西。就是说，“唯物论或拿着公然的唯物论形态，或采取理神论形态，在法国有教养的全体青年中成了信条”[①]。并且有一点和英国不合，理神论者在法国，本质上是无神论者，如福尔特尔[②]就是一个明白的例子。十七世纪的布尔乔亚，完成了对抗启示的宗教的理神论体系。在英国，理神论除开一个例外——霍布士达到了无神论——不计外，并没有彻底化到无神论，这是因为英国的布尔乔亚本来的宗教性的原故（霍布士是地主贵族的哲学家的成分多些）。可是，在十八世纪（后半纪）的法国，布尔乔亚彻底地是笛卡儿，所以能够达到彻底化了的布尔乔亚唯物论及布尔乔亚无神论。这时，他们完全脱掉宗教的外衣，遂行了决定的反封建战争。

当布尔乔亚和封建势力有妥协余地时，布尔乔亚在其哲学上，在其世界观上，不会彻底是唯物论的（布尔乔亚的），因而不会是无神论的，所以十七世纪的唯物论不完全。但是，历史上布尔乔亚第三次谋叛的法国大革命（1789 年），却是完全抓掉宗教假面的决定的政治战斗，那是彻底争取两敌对者一方破灭一方胜利的最初战斗。布尔乔亚唯物论所以要在法国唯物论中，才能彻底化完成化，达到无神论的结论，根本是基于这种情形。

同时，十八世纪的法国唯物论，还基于一个条件：自然科学进步得显然超出了十七世纪的水准。先出世的哲学思想及科学

① 参见《马克思恩格斯选集》，第 3 卷，第 395 页。——编者

② 福尔特尔（Francois Marie de Voltaire，1694—1778），通译伏尔泰，法国启蒙思想家、文学家、哲学家。主要著作有《哲学通讯》、《形而上学论》、《牛顿哲学原理》、《哲学辞典》、《老实人》等。——编者

思想的全面发展,准备了丰富的思想材料,它是拿这些材料作基础而发展起来的,是十七世纪及十八世纪的自然科学的进步之哲学的普遍化。所以,十八世纪的法国唯物论,立于当时非常高度的思想水准(比当时自然科学更高的思想水准)上,“当时自然科学的褊狭见地”,例如那从哥白尼到牛顿和神学妥协了的力学之类的见地,完全没有圈住它,相反地,它要把世界从世界本身,作全体的唯物论的说明,对于将来的自然科学,指示了发展的道路。这里,有着这作为完成化了的布尔乔亚唯物论看的法国唯物论的伟大历史意义。

法国唯物论经过对唯心论的决定的斗争,达到无神论,把宗教看做人类无知的结果、僧侣的意识的瞒骗。法国唯物论还批评了英国经验论中的唯心论要素,拿明确地形式,指出物质世界客观地离开我人意识而独立地存在,它的存在,除了它自己本身外,不需要借助于任何东西。同时法国唯物论又把笛卡儿的物心二元论,作了最后的排除,明示人类及思维能力,同是惟一的自然之一部分。法国唯物论并排除了斯宾诺查学说中的神的观念,完全从斯宾诺查的唯物论身上,剥掉十七世纪最后的神学衣裳,把唯物论在其本身的公然姿貌上显示出来。他们想使英国唯物论(经验论)真唯物论地彻底化,把感觉和概念,唯物论地统一起来(当然没有达到完全唯物论的辩证法的统一),由此去掉斯宾诺查唯物论中的形而上学的唯心论残渣了。归根说,就是认为一切的认识(知识)发生于感觉,感觉发生于外界物对感官所起的作用,拒绝斯宾诺查那样完全离开感觉了的“悟性的”认识,及“直观的”认识(从“永远相下”观察的“知的直观”)。此外,法国唯物论并反对把物质还原于抽象的几何学的延长,克服了斯宾诺查(笛卡儿)唯物论的这种抽象的浅薄和狭隘,认为延长只不过是物质的诸属性中之一属性,认为运动也同延长一样,是物质自然之基本的性质，不会有没有运动的自然。

因此，斯宾诺查所谓物质世界全体的“自己原因”那思想，被深化到物质世界全体所固有的“运动”这思想了。法国唯物论，认为运动是物质的存在之根本的必然的属性，是物质的存在所固有的东西，物质世界自己活动，不需要从外部来神的冲击，它依从严格的法则，普遍的因果法则而活动着。像这样承认物质和运动不可分离性，承认物质的自己运动，实是法国唯物论的最大成就。

法国唯物论虽把运动认做物质所固有的属性，但它还没有真正解决物质的运动问题，没有真正解决物质和运动的统一，就是说，它还没有辩证法的唯物论地来解决。就是说，法国唯物论虽然达到了物质所固有的运动这观念，但它还没有达于理解物质的真正自己运动，换一句话，还没有理解物质基于内在矛盾而产生的辩证法的自己运动。运动这里，有着这作为布尔乔亚唯物论者的法国唯物论的限制性。虽说它立于比当时自然科学更高的思想水准上，但结局仍是机械论的唯物论。法国唯物论虽是布尔乔亚唯物论的完成，但它既是机械论的唯物论，结局就是不完全的唯物论。

法国唯物论的最根本的缺陷，就在于它是机械论的唯物论这点上(关于它的各种缺陷，等到后面再说)。

在法国唯物论中，认识的辩证法、存在的辩证法，没有被明显地抓住，那里，没有把对象作为感性的人类活动、实践去把握。

第二节　完成化的布尔乔亚唯物论确立的准备
——贝尔　福尔特尔　麦立叶
孔笛雅克　爱尔法修

十八世纪的法国唯物论，是布尔乔亚唯物论的彻底化完成化，它的确立是从两重道路上准备起来的。其中一重是：实证的诸科学和形而上学分离，脱离形而上学而独立，同时由于形而上学（唯心论）遭受了严重的批评，形成十七世纪的形而上学及一切形而上学的解体；另一重是：英国唯物论（尤其是洛克的经验论）导入于法国及其在法国更唯物论的彻底化。因此，十八世纪法国的布尔乔亚唯物论的完成，是作为十七世纪的欧洲大陆唯物论（笛卡儿系统，尤其是笛卡儿物理学）和英国唯物论（尤其是洛克经验论）的唯物论结合而建立的。剥夺形而上学的学问信用，把形而上学驱到解体途上，由此替唯物论准备了开展的大道，这是贝尔和福尔特尔的事业。把英国唯物论导入于法国的是孔笛雅克，爱尔法修则更使其法国化。至于麦立叶实是十八世纪后半纪中开花的法国唯物论的前导。

一、贝尔(1647—1706)

贝尔[①]介于十七世纪和十八世纪的中间，他生于福亚伯爵领地，是个改信新宗教的牧师的儿子。他曾在色当及洛特尔丹任哲学教授，因为自由思想的关系而失职。他曾因对于新教的主观主义的信仰不满，转入旧教，但复因旧教的独断主义也不能维持，再回到新教下面来。这中间，他知道科学和宗教不能融洽，对于形而上学及独断主义，抱定怀疑的及批判的态度。他学过笛卡儿的哲学，结果否定了笛卡儿的形而上学。

“当十八世纪的初头”，“实证诸科学，已从形而上学中脱离出来，筑成了独立的领域。在现实的本质和地上的诸事物，开始成为一切关心的标的时，全形而上学的富，就只在思想的本质和

---

① 贝尔(Pierre Bayle，1647—1706)：通译倍尔，法国哲学家、启蒙运动的先驱，怀疑主义者。著有《历史与评注辞典》、《马克辛和笛密斯的对话》、《哲学体系》等。——编者

天上的诸事物中存立了，形而上学就成了陈腐的东西”。[①]

“从理论上剥夺十七世纪形而上学及一切形而上学的信用的人，就是贝尔。贝尔的武器，是从形而上学的魔术方式中锻冶成功的怀疑论。”“宗教上的怀疑，使贝尔对于支持宗教信仰的形而上学发生怀疑，因此他把形而上学在其全历史经过上去批判。他为着写出形而上学死灭的历史，成了形而上学的历史记述者。”[②]他为了这曾印行一部巨著《历史的批判的辞典》，共分两卷。“他特别反对斯宾诺查及莱布里兹。”[③]

“贝尔使形而上学在怀疑论下解体，不仅成功唯物论及常识哲学在法国被采用的准备，并且证明无神论者的社会存在，证明无神论者是值得尊敬的人物，证明人类不是因无神论而堕落，反是因迷信和崇拜偶像而堕落，明白说出了无神论的社会即将开始存在。”[④]

贝尔就是那样把十八世纪唯物论开放茂盛之花的直接道路准备起来的。他“是十七世纪意味的形而上学者的最后一人，又是十八世纪意味的哲学者的最先一人。”[⑤]

二、福尔特尔(1694—1778)

从实践上使形而上学失掉一切信用的是福尔特尔(Voltaire)。

福尔特尔把洛克的经验论、牛顿的自然哲学及英国的理神学，移植于法国了。他虽不是无神论者而是理神论者，但他却叫喊“粉碎肮脏东西(指教会)”，赠给了教会及形而上学一个解体。

① 《马克思恩格斯遗稿》。——原注

② 同上。

③ 同上。

④ 同上。

⑤ 同上。

三、麦立叶(1664—1730)

麦立叶[①],做着十八世纪后半纪的法国唯物论者的前导。他是北法兰西的乡村牧师,生于香槟的马则里村,父亲做织匠。他在神道学校受教育,在那里热心研究笛卡儿哲学。他在《遗言状》中,倡说彻底而且深刻的唯物论,不劣于后来的霍尔巴赫,并在各个虽小而积极的部分上,表明着社会主义思想。

他在十八世纪的初头,在后起的唯物论之先,作唯物论和无神论的传道。对于宗教的"可厌的欺骗",进行热烈的斗争。他曾在《遗言状》中说:"让牧师神学者们及其他,在我死后大发其所爱发的怒罢!让他们那时呼我背信者、背教者、背神者及无神论者,爱呼什么就呼什么罢!任凭他们凌辱我,任凭他们用其所谓适当的方法来对付我的遗骸,分尸也好、煮也好、烧也好、拿上好的酱油来吃掉也好,这些都不能丝毫使我不安。我认为这些对付我的办法,和我完全无关系,什么东西也威吓不住我。"

这些唯物论、无神论的乡村牧师麦立叶的思想,和后来十八世纪法国唯物论者们的唯物论,无神论的内容,完全合致。

四、孔笛雅克(1715—1780)

孔笛雅克[②],是"洛克的直接门徒,且是洛克的法国翻译者"[③]。他拿洛克的感觉论,反对十七世纪的形而上学,他的思想虽没有达到极端的唯物论,却也相近。

他生于格洛布尔。他说:形而上学被人当做想象力及神学偏见的简单作物来非难,是当然的。他在所著关于《人类认识的

---

① 麦立叶(Jean Meslier,1664—1729):通译梅叶,亦译梅利叶,法国启蒙思想家,空想共产主义者。主要著作有《遗书》(亦译《遗言状》)等。——编者

② 孔笛雅克(Etienne Bonnot de Condillac,1715—1780):通译孔狄亚克,法国启蒙思想家、自然神论者。主要著作有《人类知识的起源》、《体系论》、《论感觉》等。——编者

③ 《马克思恩格斯遗稿》,第237页。——原注

起源》中，详述着洛克的思想，证明“不仅是灵魂，而且感觉，不仅造成诸观念的术，而且感性的感觉的术，也是经验及习惯的工作”①。他还在所著《诸体系论》中，反驳了笛卡儿、斯宾诺查、莱布里兹及马尔布兰基的体系。他起初虽曾从事于洛克理论的介绍及详述，但在主著《感觉论》以后，则超过洛克而向确立纯粹感觉论上面进行着。

他首先对于洛克那意义还不充分明确的内部感觉之反省，加以断然的拒斥，不承认感性的知觉外，有什么别的东西作表象的泉源。认为任何表象，结局都归着于惟一知觉泉源的感性。因此，他想阐明下面的情形：一切的心理机能，都原因于感性的知觉，发生于感性知觉，是感性的知觉之变形。

在孔笛雅克看来，一切的意识活动，是从感性的知觉中发展起来的东西，是变形的感觉作用。但同时，我人意识的统一，却以一个确实完全不能认识的实体为前提。这里孔笛雅克的感觉论，有着唯物论的要素。

孔笛雅克的感觉，从特拉西②起，有很多继承者。还有唯物论生理学的建设者喀班尼③，是把孔笛雅克的感觉论加以唯物论的改造了的人。

五、爱尔法修(1715—1771)

爱尔法修④和孔笛雅克一样，从洛克出发。但是，在他手中，

---

① 《马克思恩格斯遗稿》，第 237 页。——原注

② 特拉西(Antonine Louis Claude Destutt de Tracy，1754—1836)：通译代斯屠·德·特腊西，也译特斯多·达·德拉，法国哲学家，观念学派创始人。主要著作有《观念学诸要素》、《一般原理》、《逻辑学》等。——编者

③ 喀班尼(Pierre Jean Georges Cabanis，1757—1808)：通译卡巴尼斯，法国哲学家、生理学家，庸俗唯物主义的先驱。主要著作有《人的肉体与精神的关系》等。——编者

④ 爱尔法修(Claude Arien Helvetius，1715—1771)：通译爱尔维修，法国启蒙思想家、哲学家。主要著作有《精神论》、《论人的理智能力和教育》等。——编者。

唯物论采取着法国独特的性质。他生于巴黎一个曾充女皇玛丽·烈克金嘉御医的医生家庭。他自己曾任职征税官吏，35 岁时去职，此后就过着学者生活，他加入过百科全书的编辑。他把孔笛雅克的感觉，适用于伦理学的领域，因此造成一种唯物论的道德论。那上面，把自爱当做惟一的原理。在他看来，善恶全是相对的概念，主我主义是一切行为的规范。他把教育这一语的意味，解做一切在人类方面起作用的影响之全体，因此，公共的诸关系的状态，及规定它的立法，非常重要。因为只有关心和情感，真使精神丰富而且兴奋，所以立法不能不把它们推向惟一规准的公共福利上去。于是他认为除了主我主义这一自然法则及国家立法所指导的道德法外，宗教的存在是多余的事，甚至是有害的事。

正如从洛克出发的孔笛雅克和爱尔法修所明白表现的一样，法国人对于英国唯物论，给与了精神，给与了血肉，给与了能辩，并给与了英国唯物论还欠缺的热情和优美。他们把它弄成文化的了。①

以自然为原理的爱尔法修唯物论的道德论，和在霍尔巴赫方面的情形一样，是市民社会的表现，它完全照应着 1789 年以前法国布尔乔亚的反对立场，实是有用性理论的一个理想化。②

---

① 《马克思恩格斯遗稿》，第 237—238 页。——原注

② 参见马克思，恩格斯：《德意志意识形态》。——原注

第三节 作为完成的布尔乔亚唯物论看的法国唯物论
——拉·麦特力 狄德罗 霍尔巴赫

一、拉·麦特力(1709—1751)

作为完成的布尔乔亚唯物论看的十八世纪法国唯物论,在拉·麦特力[①]手中,才拿典型的态度出现,复由霍尔巴赫、狄德罗加以深化。从拉·麦特力学说中,看出“笛卡儿唯物论和英国唯物论的结合”。[②]

拉·麦特力生于布鲁丹海岸圣·马洛的商家,父母把他送入僧侣办的神道学校,而他的兴趣却在医学,他的生涯完全放在当医生的研究中,他从莱登的著名医药家波以耳哈夫学习,波以耳哈夫是个站在斯宾诺查唯物论见地上的人。回乡后,费几年的工夫,翻译波以耳哈夫的著述。1742 年,到巴黎任近卫团的军医。1745 年,出版最初的唯物论著作《灵魂的自然史》,对于人类的精神能力和身体组织,作唯物论的说明,遭受了很多非难和攻击,失掉军医的职务,于是逃往荷兰去了。这书在 1746 年,被判烧毁。他因着彻底的唯物论思想,在荷兰也蹲不住,再避往启蒙的普鲁士王费里特立希那里去。他的主著《人类机械论》,1747 年发表于莱登,并在波当著了《人类植物》、《幸福论》、《伊壁鸠鲁的体系》。

他是十八世纪前半纪最彻底的唯物论者。从他的著述中,

① 拉·麦特力(Julien Offroy de La Mettrie,1709—1751):通译拉美特利,法国启蒙思想家、唯物主义哲学家。著有《人是机器》、《人即植物》、《伊壁鸠鲁的体系》、《心灵的自然史》等。——编者

② 参见马克思,恩格斯:《德意志意识形态》。——原注

看出笛卡儿的物理学和英国唯物论的结合。“他把笛卡儿的哲学，利用到各个点上，他的《人类机械论》(*L'homme machine*)，是以笛卡儿的动物＝机械为模范的一个完成。”

他抛弃笛卡儿的形而上学——唯心论，发展他的动物论的物理学。依他的见解，笛卡儿“逻辑地、明白地、并且方法地，立了推理技术的典型”。“假若没有笛卡儿，那在哲学的田中，也和科学的田中没有牛顿一样，恐怕还没有下锄般地荒芜着。”[①]不消说，他这是站在抛弃了笛卡儿形而上学＝唯心论的立场上说的。他说：“笛卡儿派的人们，在这里拿出照例的天赋观念来，也是枉然。我要造那样的空中楼阁，或许不用费洛克的努力四分之一。”在他看来，英国唯物论的完成者洛克，“是消散形而上学混沌的最初一人”。洛克“认为只有感性的直观，值得健全知识的信赖，把它作为自己的理论根柢。他经常被确实性的罗针盘或经验的火炬引导着”。

拉·麦特力把笛卡儿的唯物论和洛克的唯物论结合在一起，因而他又认为认识论的第一出发点是感觉。他说：“绝对没有超乎感官之上的确实指南者”，“没有感官就没有观念，感官的数目少，观念也就少”。这样，他除阐明认识上的感觉根源性外，同时阐明了感觉及思维的物质起源，据他的意见，认识能力的中心是脑髓。“脑这内脏，含有一种能动的原动力，这能动的原动力，是因髓质部完全延长于种种神经的起点而生。这原动力从事于感受、思考，同肉体一起发狂、睡眠、消失。”“魂，本质上依存于身体的诸器官。”思维是身体，尤其是脑髓的机能。因此，他否定“灵魂”那样的独立实体，那不过是单纯的抽象物。“用抽象从肉体抽出来的灵魂，没有具着任何形貌而乃有似于能考察的物

① 《人类机械论》。——原注

质，那是不能思考的一件事。”如果检查人类的脑和脑的活动，就懂得“世界上只有物质存在”。拉·麦特力那样把物质认做根本的、第一次的东西，把精神、意识认做派生的、第二次的东西，想阐明意识怎样从物质发生的事。但是，他虽然不绝地努力探求意识发生的问题，却没有能够充分解决这个问题。他说：“构成魂的东西，是髓质纤维么？又，如何了解物质能感受能思考呢？坦白地说，我也不会了解。”我们如果从他的时代——十八世纪前半纪——的自然科学，尤其生物学、生理学的发达水准看，这也是无法逾越的事。

不过虽是那样，他确有伟大的地方，他的伟大就在于不怀疑物质的根源性、第一次性。他把认识当做人类的物质运动来理解，区别物质的三个性质：第一个性质是延长，第二个性质是运动，第三个性质是感觉感受的能力。他基于把“运动”认做物质所固有的性质，拒斥了超越者神的存在、神的创造世界，明示了物质的世界是从自己原因来。因此，人类也受物质世界的法则支配着的，“人体——在他看来——是卷着发条的机械，永远运动的活样本”。

拉·麦特力是十八世纪法国唯物论的一个最尖锐的代表者。他从彻底化了的布尔乔亚唯物论的立场上，否定神的存在，达到了无神论。但是，他在他的无神论中，却作了一些语言上的粉饰，他就神的存在说：“这并不是说我要把至高的存在，放到疑惑的刀俎上去，在我是想如何给这一存在获得最高度的可能性。但是，不来证明这一存在有礼拜的必要，这件事是和其他一切都不变的，这是理论上的真理，实际上简直不中用。”又说：“这样的原因（自然的原因），对于它完全难懂的无智，使得我们去求那连某种人们所谓适于道理的存在都不是的神。”拉·麦特力和霍尔巴赫等一样，从人类的“无智”把宗教说明了。

二、狄德罗(1713—1784)

狄德罗[①],是《百科全书》的中心编辑者,是当时法国唯物论者中的中心指导人物。在他的学说中看出拉·麦特力唯物论各点的更发展。他并不是所谓"体系家",但他的见解则是"唯物论者的真正见解"。他是当时法国唯物论即百科全书家的领袖。

他生于兰谷的刀店家庭,曾入巴黎的有名大学科列珠·达尔克尔。他是完全有着多方面教养的文艺家、思想家,靠做家传的工作、律师的助手、家庭和教员,支持生活。1749 年,因所著《关于盲人的书简》,触犯了当局的忌讳,坐了三年牢。出狱的那年,正是 39 岁的时候,从这年(1751 年)起,着手做他那划时代的《百科全书》工作。他在这种生活中,强固了唯物论的无神论的思想。

他在哲学史上的功绩,第一是经过对柏克烈一流唯心论的反动及思辨的形而上学的斗争,唯物论地解决意识发生的问题,因而克服了拉·麦特力关于意识问题的唯物论见解的不充分;第二是把发展的思想采入唯物论,从发展,运动上去把握自然,因而把拉·麦特力的见解更加前进了,狄德罗的唯物论,站在十八世纪法国唯物论的最高地位上。

他首先对于思辨的形而上学说:"在自然中没有具着何等基础的概念,正可比做北方无根树的森林。要覆灭那样的森林,也只要些许的事实就够了。"(《关于自然的解释之考察》)这样,思辨的形而上学一般,遭了废弃。他和该时代的其他法国唯物论者们一样,站的立场是唯物论地解释洛克的认识论,把它作唯物

① 狄德罗(Denis Diderot,1713—1784):法国启蒙思想家、哲学家、文学家,无神论者,并在伦理学、美学、戏剧、文学批评和政治学等方面卓有贡献。主要著作有《对自然的解释》、《拉摩的侄子》、《达兰贝尔的梦》、《达兰贝尔与狄德罗的对话》、《关于物质与运动的哲学原理》,并主编《百科全书,或科学、艺术和技艺详解辞典》等。——编者

论的彻底化。他虽承认认识的感觉根源性，这感觉却是在物质的存在中有其根源的。在这一点上，他和柏克烈一流的唯心论的反动，最尖锐地对立着。

他对于柏克烈的唯心论说："所谓唯心论者，就是指的那些只把自己的存在和自己的内部交互呈现的感觉存在，作为所知物来承认，而不容许其他任何东西的哲学者。我以为这是只有瞎子能够创案的无条理的体系！"[①]这"对于人类的精神，对于哲学，是耻辱"，是"不条理之极的"东西。他还把柏克烈的唯心论，比做"疯魔的钢琴"。他说："这世上存在的钢琴，自己独自地想着：宇宙的谐调，都是我自己的内部生出来的。"[②]

他又提示了承认上的"实践"意义。据他的意见，"自然的观察、思索及实验"，这是三个主要的科学方法。感觉虽是认识的出发点，但不能不参加思维进去，思维又非由实验来确证不可，在他看来，"从事于哲学的真态度，就是拿实验帮助理性，又拿理性和实验帮助感官，使感官适应于自然。为了发明器具而利用自然，又为了研究并完成应该供给国民的生产事业而利用器具"。这里，表示着非常正确的唯物论认识论的见地，把从人类实践发生的自然变化，认识的发展，以实践为媒介的思维（概念）和感受的统一，暗示出来了。

狄德罗想站在这一见地上，解决意识发生的问题。他拿蛋作例子，叙述蛋中胚子的成长，从无感觉的小块——由运动——而生出来意识的雏来的过程，得出如下的结论来："某种一定的构造下组织不活泼的物质，受到其他不活泼的特质的作用，再受热和运动的作用，就从那一物质中，获得感觉、生活、记忆、意识、

① 参见《列宁选集》，第 2 卷，第 30 页，人民出版社 1972 年版。——编者

② 参见《列宁选集》，第 2 卷，第 32—33 页，人民出版社 1972 年版。——编者

感情、思维的能力。"[①]他这样从物质的运动上，从物质的发展过程上，理解意识的发生，把意识作为运动的物质之一定属性来把握。狄德罗的这一见解，是唯物论的真见解。这见解"不是在于从物质运动导出感觉，使感觉归着于物质的运动而在于把感觉认做运动的物质之一资性的点上"[②]。从这点上看，狄德罗的唯物论，比把意识还原子物质运动的拉·麦特力唯物论更前进，同时也比十九世纪的佛格特（Karl Vogt）、毕喜内（Ludwig Büchner)莫雷斯科(Moleschott)，站在更高的地位。

但是，另一方面，狄德罗却断定"石头也是感觉"，承认无机物的感觉能力，逸到物活论方面去了。这就当时的科学水准，尤其生物学、生理学的水准说，也是无法避免的事。

尽管狄德罗有这样的缺点，却比当时自然科学一般的机械论立场，高出得多，深刻地抓住了自然的发展。拉·麦特力的学说中，已经表现了有机体发展的思想，狄德罗则使得这一思想更加前进，从历史发展上把握自然现象。不过他仍没有达到自然的历史性之科学的理解，仅是天才的臆测而已。他在《关于自然的解释之考察》中，叙述了从最初的动物（原型）生出一切种类的生物来的见解。又在《和达兰贝尔对话》中，把种的变化思想定式化。他说："一切东西都不绝地变化……一切的种……也都在不绝地变化的状态中。"

他那有名的小说《拉摩之侄》，被称为"辩证法的杰作"[③]。那中间描写着法国革命前夜的社会矛盾，描写着布尔乔亚世界观和封建世界观这两个意识形态的冲突。那中间把贵族社会的道德颓废完全刻画出来，暴露其意识形态的矛盾分裂。他是十八

---

① 列宁:《唯物论与经验批判主义》。——原注

② 参见《列宁选集》，等 2 卷，第 31 页，人民出版社 1972 年版。——编者

③ 参见《马克思恩格斯选集》，第 3 卷，第 417 页。——编者

世纪法国急进布尔乔亚的思想家，他的辩证法（这虽然仅是辩证法的要素），就是他的这种急进态度的产物。

他确想在历史的发展上把握自然现象，并且已在既存意识形态的批判中，导进深刻的辩证法观察。不过虽是这样，他却终于没有能够科学地确立发展的思想，不能达到辩证法思维的完全形态。这是他的时代的约制。十八世纪的法国唯物论，结局是形而上学的机械论的唯物论，所以，在其最高代表者狄德罗手中，也不能达到辩证法的唯物论。

三、霍尔巴赫(1732—1789)

霍尔巴赫[①]，法国或称为杜巴尔——是一个系出德国贵族的法国唯物论者。他从早年就移居法国，完全在法国过活，他的巴黎寓所的客室，成为当时法国进步思想家的集合处。他起首主要地是研究化学，后来受狄德罗的感动，转而研究哲学。他对于《百科全书》的编辑，以同人的资格援助，就自然科学和政治学的项目，作成论文付稿去。他的主著《自然体系》，是十八世纪法国唯物论的体系化，它的成功，也得了狄德罗及其他人的合作。因为这书的内容急进的原故，遭受了极大的物议，被[宗教][②]裁判所宣告烧毁。

霍尔巴赫最否定超自然的存在者，他说："他们承认其存在的东西，那离开自然而独立并超出自然之上的存在者，恐怕只是亡灵而已罢。我们对于那样的存在者，对于它存在的场所及行动的样式，决不能正确的表现。除了自身中包括一切存在者的

---

① 霍尔巴赫(Paul Henri d'Holbach，1723—1789)：法国启蒙思想家、哲学家和无神论者。参加《百科全书》的撰写和出版。主要著作有《自然体系，或论物理世界和精神世界的法则》、《健全的思想，或和超自然观念对立的自然观念》、《社会体系，或道德学与政治学的自然原则》等。——编者

② [ ]内字系按文意补充。——编者

自然外，什么都不存在，也不会存在。”[①]他一方面否定神的存在，拒斥思辨的形而上学的独断论，他方面还对不可知论（不可知论的唯心论）作斗争，主张自然的可认识性。他说：“我们对它能够判断或能够认识的自然现象的诸法则，在我们发现那些处于我人观察外的法则上，做着助手，至少我们对于那样的法则，可由类推去判断。假若我们深刻注意地观察自然，及自然所提示于我人前面的诸过程，那就不会被自然所隐匿的东西来迷糊了。跟自然结合最远的原因，也无疑地通过中间诸原因的媒介起作用，我们可时时借助于后者达到前者。”这里，就是说明由特殊法则的媒介而达到普遍法则，说明从现象到本质的媒介进行，说明自然认识的可能性。

他除这样把唯物论体系化，又达到物质所固有的运动这思想。他承认物质是永远的东西，它由它自身的法则统一着，同时，又主张运动是物质所固有。他说：“自然的一切东西，都在运动中，自然的本质就是活动。假若深刻注意地观察自然诸部分，那就知道没有一个东西在绝对的静止中。”

承认运动为物质所固有，是法国唯物论的功绩。但是，一切法国唯物论者，都不曾把运动作为从物质的内在矛盾来的自己运动去把握，都是机械论地在理解，这在霍尔巴赫也是一样。他虽是否定超自然的存在者，但因着机械论的立场，不能贯彻到物质“自己运动”的理解。他说：“假若深刻注意地观察，那就我们严密地说来，将了解自然的种种物体中，完全没有自发的运动。为什么呢？因为一切的物体，都不间断地互相作用，一切物体的运动，都依存于从外部发动的可见的隐藏的原因。”看来，他没有能够真正把物质和运动统一起来。

① 《自然体系》。——原注

霍尔巴赫的唯物论，和拉·麦特力及狄德罗的唯物论一样，由法国唯物论和英国唯物论结合而成。他的道德论依据爱尔法修的道德论，对于宗教的见解，也和拉·麦特力及爱尔法修等其他法国唯物论者一样，认为是“僧侣的欺骗”。他在《自然体系》第二篇中，论神的观念之起源时，如次地说道：“总之一句话，那是人类愚昧和软弱的产物。原始人不知道自然法则，结果，就把在他的内部发生的妨害他的运动、疾病、苦痛、情欲、不安，以及他所经验而不知道原因的病的变化，并最后消灭生存的可怕的死，作为超自然的现象来表象。不幸的人类，在可悲的工场中，创造亡灵，他又从后者制造出神来。”

霍尔巴赫这一见解，确朝着把宗教作为一个意识形态来把握的方向，前进了一步。但是，那种对宗教及神的规定，决不算充分，拿那种规定，还不能充分阐明宗教的现实诸形态的必然根源，还不能充分的阐明宗教成立和发展的必然法则。霍尔巴赫不能进步到理解宗教为一种社会的意识形态，这不仅是他个人的限制，同时也是法国唯物论全体的限制。法国唯物论终是机械的唯物论，因此它不能作为唯物论来真正完成。那上面还有肯定宗教的相当余地。霍尔巴赫规定“神的观念”是“人类愚昧和软弱的产物”，说神不外是“人类的存在本身”，他确是优秀的无神论者。不过单是这样的规定，还不曾揭示否定一切形态的宗教的充分论据。

第四节 法国唯物论的理论的历史限制

法国唯物论的主要缺陷，正如恩格斯在《关于费尔巴哈论纲》里所指出的三点：

第一,“显然是机械的东西。”[①]

第二,“没有能力把世界作为一个过程,作为历史中的一个实在去理解。”[②]

第三,就在人类社会的历史领域,那“和这同一的非历史见解”也支配着。[③]

法国的唯物论,比起当时自然科学的狭隘见解来,诚然立于较高的思想水准上。这种情形,基于它所代表的法国布尔乔亚的那种急进的实践。但是布尔乔亚的实践,本有它自身的限界。布尔乔亚从其诞生之初,即已负来了自己的对立者,因此,他们迟早要变成保守的。法国布尔乔亚在一定的条件下,必然要急进,可是一旦把权力拿到了手,就得急速地失掉进步性,所以他们不能把唯物论,最后彻底化,完成化。十八世纪的法国唯物论,确是布尔乔亚唯物论的完成化,确是它的最高形态,但仍不能是唯物论本身的彻底化、完成化的形态,不能是完全的唯物论。

除了布尔乔亚实践的这一历史的被限制性外,又加以当时自然科学的发达水准,绝不是一般地达到了充分的高度。当时一切自然科学中,只不过力学(机械学),特别是天体及地球固体的力学,达于某种程度的完成了。化学还只在幼稚的燃素说形态上。生物学是堕地不久的婴儿。动植物有机体的研究,完全粗杂,一切都从纯机械论的原因去说明。就是说,这时代还属于自然科学发达的第一期,机械论的自然观,拥着支配的地位(参照第一章第一节)。

上面的情形,根本约制了十八世纪法国唯物论的理论内容。

---

① 参见恩格斯:《路德维希·费尔巴哈和德国古典哲学的终结》,第19页,人民出版社1972年版。——编者

② 同上。

③ 同上,第20页。——编者

因此，第一，当时法国唯物论为机械论的自然观所规定，“显然是机械论的东西”。笛卡儿把动物看做一个机械，拉·麦特力也把人类看做一个机械。他虽把运动看做物质的第二性质，想从自己原因上说明物质的世界，但他的唯物论根本是机械论的，是笛卡儿的机械论的完成。霍尔巴赫虽承认物质和运动的不可分性，认为自然全体没有运动就不存在，可是却认为物质的各个部分，没有从外部来的活动就不运动。他从各个物体的机械的交互作用中去观察物质的运动。不把事物在运动、发展、变化上来把握，而在不变性、固定性上来把握，这是形而上学的方法。

因此，第二，法国唯物论是形而上学的，不能在“过程”上。“历史进化”上来理解世界。法国唯物论的最高代表者狄德罗，达到了一切东西不绝变化、发展的思想，这是构成法国唯物论的基础的进步的急进的实践所规定的，是在当时自然科学的一般水准以上获得的科学成就。但是，狄德罗不能把发展的思想，科学地确立起来，霍尔巴赫并把自然的发展，认做反复地变化即循环。这从当时自然科学的发达状态说，是无法避免的事。机械的自然现动摇的发端，虽表现于十八世纪末康德和拉普拉斯的星云说中了，但本格的出现，实在是十九世纪中叶的事。

因此，第三，法国唯物论当然在人类社会的历史领域，也具着“非历史的见解”。布尔乔亚对于中世纪，拿自然的权利和它对立，在布尔乔亚眼中，深刻的历史批判不是问题，最是问题的，是如今布尔乔亚生产关系之自然的绝对化。布尔乔亚的非历史态度，关联于布尔乔亚的人类是自然的个人，是自由竞争的个人；关联于市民社会被看做“原子论体系”①。布尔乔亚需要靠自然化、绝对化他们的生产关系，来使他们的诸条件成为全社会的

①　黑格尔：《哲学全书》，第435页。——原注

诸条件。他们的社会之所以作为“理性的王国”来出现，就是由于这个原故。当社会因民众的决定的历史活动而飞跃时，社会对于自己本身就作深刻的历史批判。但是，十八世纪的布尔乔亚民众，并不是这样的民众，在他们的眼中，民众的历史活动的诸条件，不是问题，他们所认做问题的，只是他们的生产关系自然化，及为着这一自然化的启蒙。因此，法国唯物论者们，就是所谓“启蒙家”。

他们在自然观方面虽是唯物论者，但在历史观、社会观方面，却是唯心论者。就是说，他们的唯物论，没有完成到史的唯物论。他们既不理解人间的变革的历史实践，也不理解社会的历史发展法则。因此，法国唯物论，结局还是拿非历史非实践的形而上学的机械论的唯物论作特征。这一唯物论，单在客体或直观的形态下，把握对象，现实性、感性，不把它们作为感性的人类的活动即实践去把握。所以，活动方面，抽象地和唯物论背驰，反从唯心论方面展开。[①]

① 参见马克思：《关于费尔巴哈论纲》，《马克思恩格斯选集》，第1卷，第16页。——编者